KATHARINA STARLAY

STILGEHEIMNISSE

Die unschlagbaren Tricks und Kniffe
für erfolgreiches Auftreten

Frankfurter Allgemeine Buch

Bibliografische Information der Deutschen Nationalbibliothek
Die Deutsche Nationalbibliothek verzeichnet diese Publikation in der
Deutschen Nationalbibliografie; detaillierte bibliografische Daten sind im Internet über
http://dnb.d-nb.de abrufbar.

Frankfurter Allgemeine Buch

© FAZIT Communication GmbH
Frankfurter Allgemeine Buch
Frankenallee 71–81
60327 Frankfurt am Main

Umschlag: Christina Hucke, Frankfurt am Main
Titelbild: © iStock/Storman
Satz: Wolfgang Barus, Frankfurt am Main
Illustrationen: Christian Knöppler
Druck: CPI books GmbH, Leck
Printed in Germany

5., aktualisierte und erweiterte Auflage
Frankfurt am Main 2018
ISBN 978-3-96251-055-8

Alle Rechte, auch die des auszugsweisen Nachdrucks, vorbehalten.

18,- € / 2000

B   BWL 120 STAR

Stadtbibliothek Salzgitter
006075021000

0 7. Mai 2010

Katharina Starlay

STILGEHEIMNISSE

„Mode ist vergänglich – Stil niemals"
Coco Chanel

Meinen drei Schwestern gewidmet

Inhalt

Vorwort	11
Stil-Check – zehn Impulse zu Beginn der Lektüre	14

Stilvoll kombiniert   23
- Made to measure – Was Maßkonfektion wirklich kann   23
- Kombi total – Wie sie gelingt   28
- Stoffe richtig kombiniert – Der sichere Griff   31
- Farben richtig kombiniert – Strahlend statt bunt   33
- Muster richtig kombiniert – Raffiniertes Match   39
- Farben – Wie viel wovon?   41

Stilvoll kleiden   49
- Super 100 – Was es damit auf sich hat   49
- Drunter und drüber – Das Wäschegeheimnis wird gelüftet   53
- Stil contra Fashion – Was ist entspannter?   56
- Relax, you're dressed! – Stilsichere Maximen im Frauenalltag   59
- Rainy Days – Stil bei schlechtem Wetter   64

Stil im Businessalltag   69
- Klassischer Kleidungsstil – Top im Business   72
- Lässiger Kleidungsstil – Da, wo es passt   75
- Avantgardistischer Kleidungsstil – Auftritt mit Kalkül   77
- Sportlicher Kleidungsstil – Markanter Auftritt   80
- Dresscodes im Alltag – Welche Kleidung trägt Erfolg?   84
- Anlässe – Souverän auf festlichem Parkett   89
- Das kleine Schwarze – Cocos Erbschaft   92
- Security-Striptease im Auftrag der Sicherheit   95
- Stilkatastrophen – Vorbereitet auf den Worst Case   100
- Blickwinkel – Darf eine Frau zweimal nacheinander das Gleiche anziehen?   103

Je Blazer desto Chef – Symbole der Macht	106
USP – Authentisch und smart als Firma	112
Jeans on! – Das blaue Wunder	116

Accessoires mit Stil — 121

Taschen – Zwischen Kultobjekt und Kompetenzköfferchen	121
Damenuhren – Schmuckstück und Statussymbol	129
Damenschuhe – Ladykiller?	131
Jingle Bells – Die Sache mit dem Schmuck	134
Dufte Typen – Vom Umgang mit Parfums	140
Wellness für die Kleider – Reine Imagepflege	146

Styling von Kopf bis Fuß — 151

Haarige Geschichten – Stil rund um die Frisur	151
Make-up – Make down?	155
Brillenschlange – Gut (aus-)sehen	159
Nagelprobe – Verkaufsentscheidender Moment	162
Beauty – Foto, OP und digitale Retusche	166

Stilvoll altern — 173

Die Sache mit Dorian Gray – Gewohnheit prägt	173
As time goes by – Was wir von Age-Models lernen können	175
Was (nicht) alt macht – Garantierte Rezepte	178
Forever young – Denn Sie wissen, was Sie tun	184

Stilvoll benehmen — 189

„You can say you to me" – Das globale „Sie"	189
References upon request – Stilvoll bewerben	191
Yes please! No thanks! – Stilvolle E-Mail-Kommunikation	196
Der N-Faktor – Wie Neid stylish wird	203
Gentleman – The big uneasy	206
Knigges Nachlass – Die Kunst des guten Umgangs	209

Stilvoll einkaufen 213
   Smart shopping – Passformkontrolle 213
   Textil mit Stil – Konfektion unter der Lupe 217
   Help! – So reklamieren Sie stilvoll 220
   Time is cash – Luxus in Zeiten des Internets 223
   Schnäppchenjagd – Deutschlands schönstes Hobby 228
   Lichterzeit – Hüftgoldzeit 233
   Lady oder Schluderlieschen? – Der feine Unterschied 237

Die Autorin und ihre Überzeugung 240

Vorwort

Was nützt schöne Kleidung, wenn sich der Mensch, der darin steckt, schlecht benimmt? Ob Niete oder Kompetenzträger in Nadelstreifen – die Optik ist eben nur ein Teil des ersten Eindrucks, für den man bekanntlich keine zweite Chance bekommt: Sie macht die Hälfte der ersten unwiederbringlichen Sekunden aus. Fast genauso bedeutend ist aber auch der emotionale Anteil einer ersten Begegnung. Und so bekommt der Spruch, dessen sich Heerscharen von Stilberatern seit den 80er-Jahren bedienen, eine neue Bedeutung. Denn: Wer anderen keine Wertschätzung entgegenbringt, braucht für die Frage nach dem richtigen Anzug keine Zeit zu verschwenden. So die subjektiv empfundene Wahrheit im zwischenmenschlichen Umgang. Die Eleganz des Geistes – „Grace of mind" – prägt die Wirkung eines Menschen maßgeblich.

Dieses Buch liefert Ihnen Antworten auf die Frage, was eine gewinnende Ausstrahlung überhaupt ausmacht: Tipps und Anregungen sowie funktionierende Rezepte für gutes Aussehen und Auftreten, Zusammenhänge, die Ihnen sonst niemand erklärt, und die Grundlagen des guten Stils – geschäftlich wie privat.

Viele Knigge-Ratgeber vermitteln die Spielregeln einer noch immer männerdominierten Geschäftswelt, schreiben Rocklängen vor, definieren Businessfarben und verkaufen Manschettenknöpfe. Die Etikette wird bestens bedient.

Mit steigendem Anspruch der Frauen an ein erfülltes Berufsleben und anerkannte Karrieren steigt aber auch die Unsicherheit – nicht nur in Kleiderfragen. Und so kommt es, dass sich die Leserin eines solchen Businessknigge anschließend mit einem kniebedeckenden Rock im dunkelgrauen Kostüm, mit Bluse, Blockabsatz-Pumps und lederner Aktentasche wiederfindet – und garantiert nicht mehr auffallen wird, schon gar nicht positiv. Die Frau wird befördert – aber nur bis zur mittleren Ebene. Andererseits gibt es Bücher über Farb- und Stilberatung oder sogenannte Stilbücher, die meistens klein und schwarz sind. Deren Autoren, Ikonen aus der Mode- oder Medienbranche, zielen auf ein individuell vorteilhaftes, vor allem aber betont weibliches Styling ab. Da werden Augenbrauen gezupft, Haarschnitte empfohlen, Muster kombiniert und High Heels als das Nonplusultra der Eleganz gelobt. Die Leserin eines solchen Buches sieht hinterher vielleicht umwerfend sexy aus – kann aber in der Geschäftswelt nicht punkten. Sie bleibt Sekretärin.

Dieses Buch verbindet deshalb die Stil- und Modeberatung mit dem Geschäftsleben: Ich habe große Unternehmen von innen gesehen und den Beauty-Alltag zwischen Job und Identität selbst oft genug auf den Prüfstand gestellt. Mit diesem Buch möchte ich Erprobtes vermitteln, Ihnen Sicherheit geben und zu einem entspannten Umgang mit Stil anregen. Seit der Erstauflage 2012 hat sich „Stilgeheimnisse" zu einem Evergreen entwickelt. Denn obwohl sich manches seitdem verändert hat und jede Auflage entsprechend dem sich schnell wandelnden Zeitgeist von mir überarbeitet wird (zum Beispiel sind Herrenkrawatten in Deutschland auf dem Rückzug), bleiben die großen Züge, die guten Stil ausmachen, gültig. Wie dieses Buch.

Ich habe mir vorgenommen, Ihre Fragen zur richtigen Kleidung im Geschäftsleben zu beantworten und Mut zum sanften Ausstieg aus der „klon-gleichen" Businessuniformierung zu machen, hinter der viele Frauen ihre Kompetenz verstecken. Die Orientierung am Dresscode der Männer wird Frauen im Business genauso wenig gerecht wie die Orientierung an Modetrends. Stilgeheimnisse, die früher von Generation zu Generation weitergegeben wurden, werden hier auf unsere moderne, mobile Welt übertragen, erweitert und modernisiert, bevor sie verlorengehen.

In Geschichten verpackt, die sich auch in einem straff organisierten Businessalltag zwischendurch lesen lassen, soll Ihnen das neue alte Wissen Spaß am guten Aussehen bringen – oder erhalten – und Ihnen eine strahlende Souveränität verleihen. Damit wird das Thema Stil zu dem, was es ist: zu einer sehr wichtigen Nebensache. Und wenn Sie das Buch am Ende aus der Hand legen und nicht nur etwas für sich mitnehmen konnten, sondern auch Lust bekommen haben – an der Lektüre und dem Spiel mit Stil –, dann habe ich mein Ziel erreicht: dass Sie einfach gut aussehen und sich dabei authentisch wohlfühlen.

Ihre Katharina Starlay

Stil-Check – zehn Impulse zu Beginn der Lektüre

Inzwischen schreibe ich schon lange für Sie und Euch – meine Leser. In meiner sehr angenehmen Zusammenarbeit mit dem *Manager Magazin*, für das ich seit Jahren eine Online-Kolumne (Starlay Express) schreibe, wurde ich zu einem Jahreswechsel einmal gebeten, Lebensimpulse in Stilfragen zu formulieren. Sie sind genauso zeitlos gültig, wie sie im Netz kaum auffindbar sind. Daher habe ich diese wichtigen Fragen des Stil-Daseins für Sie noch einmal zusammengefasst. Zehn Fragen, die Sie beschäftigen mögen:

Wie zufrieden bin ich mit mir und meinem Äußeren?
Sie ist eine gewagte Angelegenheit, die Zufriedenheit mit sich selbst – noch viel mehr, wenn es um Äußerlichkeiten geht. Erstens ist der Weg manchmal weit, zweitens wird – wer sie hat – schnell als eingebildet und eitel abgestempelt. Das spiegelt schon unser gesellschaftlicher Umgang mit Komplimenten: „Ach, das habe ich doch im Ausverkauf erworben!" ist eine von vielen leider üblichen Antworten auf verbale Blumen. Das biedermeierliche Herunterspielen ist aber keine Äußerung, die wir von Menschen mit Selbstwert, die im Geschäftsleben viel erreicht haben, erwarten. Als gestandene Persönlichkeit dürfen wir unsere Erziehung und unsere Glaubenssätze also ruhig auch einmal hinterfragen: Ist Eitelkeit wirklich etwas Schlechtes? Und Bescheidenheit eine Zier?

Sind Sie allerdings nicht zufrieden oder sehen noch Potenzial, dann hilft Ihnen die Erkenntnis, dass sich die Garderobe und auch der Körper mit professioneller Hilfe gestalten lassen. Man muss es nur beschließen.

Erinnert man sich an mich oder meine Marke?
In Firmen und Branchen, Clubs und gesellschaftlichen Kreisen werden wir sehr schnell gleichgeschaltet. Und wer seinen Kopf hinaus wagt, wird schnell zurückgepfiffen: Wehe, Sie greifen für ein Bühnentraining zu einer Farbe, die Ihnen großartig steht – unauffälliges Marineblau sieht man lieber an Ihnen … Das hat jahrzehntelang so funktioniert. Dabei verwechseln die meisten Dresscode und persönlichen Stil: Manche Berufe setzen eine bestimmte Formalität voraus, die Vertrauen erwecken soll. Innerhalb dieses Rahmens ist aber jeder für seinen eigenen Ausdruck verantwortlich, und der sollte einprägsam sein.

In einem Markt, in dem verglichen wird, Produkte und Leistungen austauschbar sind und die Preise nicht weiter heruntergeschraubt werden können, sind es Persönlichkeit, Charakter und Service, die den Unterschied machen.

Diesen Charakter sollte man Ihnen auch ansehen, denn Sympathie entsteht zunächst durch den nur scheinbar oberflächlichen Eindruck. Deshalb sollte er eine Geschichte über Sie und Ihre Marke erzählen, eine gute. Denn nur wer sein Äußeres und sein Inneres in Einklang bringt, zieht Kunden an, die dazu passen – und bleiben. Diese einfache Formel funktioniert für Menschen und für Unternehmen.

Kann ich selbst meine Kleidung vergessen?
Was tun wir, wenn wir an einem Frühsommertag in einem Café in der Fußgängerzone sitzen und einen Cappuccino genießen? Richtig: Wir beobachten Menschen – und meistens registrieren und kommentieren wir das, was uns an ihrer Erscheinung *nicht* gefällt.

Kleidung wird also immer dann wichtig, wenn sie nicht stimmt. Wenn wir uns aber in unserer Haut und Kleidung wohlfühlen und sicher sein können, dass alles zu uns als Typ und zu unserem Körper und seinen Bewegungen passt, dann wird das Outfit zu einem Kommunikationsmittel – es sagt über Sie aus, wozu Sie selbst oft keine Gelegenheit mehr haben.

Welche drei Begriffe beschreiben meine Ausstrahlung?
Der Elevator-Pitch wird in Netzwerken, Seminaren und Foren bis Ultimo trainiert. Da wird am Kundennutzen und der stärksten Formulierung gefeilt – nur manchmal fehlt der Bezug zur Basis, die Verbindung zu der Person, die das Ganze leisten will. Gerade Gründer und Selbstständige neigen dazu, die eigene Persönlichkeit als treibendes Element nicht genügend zu beleuchten.

Es lohnt sich, in einer stillen Stunde zu reflektieren und aufzuschreiben, welche Begriffe Ihre Ausstrahlung beschreiben. Fragen Sie ruhig liebevoll-kritische Freunde und feilen Sie an der Treffgenauigkeit dieser Begriffe, bis Sie haben, was Sie am besten beschreibt. Ihre Sammlung sollte am Schluss auf möglichst wenige Treffer geschrumpft sein. Dabei sammeln Sie auf drei Ebenen: Zunächst Ihr Aussehen, Ihre physische Wirkung (z. B. „elegant" oder „natürlich"). Dann die greifbaren Verhaltensmerkmale (wie „schüchtern", „herzlich" oder „dynamisch"). Schließlich die subjektiv-interpretierbare Schlussfolgerung (z. B. „intellektuell" oder „selbstbewusst"). Wenn die persönliche Substanz einen Namen hat, lässt sich leichter formulieren, wem sie den besten Nutzen bringt.

Wie lange brauche ich morgens, um mich anzuziehen?
Für manche sind es quälende Minuten vor dem Kleiderschrank, für andere ist es „nicht so wichtig" und geht daher schnell. Für beide gilt: Eine Garderobeninventur klärt das Selbstbild und sorgt für die richtige Strategie, durch die sich morgens viel wertvolle Zeit sparen lässt. In diesem Buch lernen Sie, wie ein zeiteffizienter Stil-Alltag funktioniert. Eines vorweg: Schranksysteme mit festgelegten Fächern für Liegeware und lange / kurze Hängeware zwingen uns immer wieder dazu, jeden Tag neu kombinieren zu müssen. Machen Sie sich frei von diesen Vorgaben, damit der Schrank Ihrem Stilalltag dient – und nicht umgekehrt.

Gibt es „Joker" in Garderobenfragen?
Viele Unsicherheiten, ob ein Outfit passt, sitzt, vorteilhaft und vom Dresscode her angemessen ist, lassen sich vermei-

den, indem wir den Betrachterblick einnehmen. Ein denkbar einfacher Ansatz, für den sich viele aber nicht die Zeit nehmen. Gönnen Sie sich ab jetzt die wenigen wertvollen Minuten für den Einsatz dieser Möglichkeiten:

Den Spiegel, mit dem Sie Ihr Aussehen von hinten kontrollieren. Unvorteilhafte Rock- und Jackenlängen oder auch eine unerwünschte Silhouette zeigen sich nämlich am deutlichsten in der Rückenansicht...

Den Fotoapparat: Vor einem wichtigen Auftritt, einer Präsentation oder jeder anderen Gelegenheit, die Ihnen wichtig ist, sollten Sie Ihre Kleidung rechtzeitig checken und auch anprobieren. Wenn Sie Ihr Outfit dann auch noch fotografieren, sehen Sie, was andere sehen. Dadurch entwickeln Sie Bewusstsein für Details und werden mit einem wunderbaren Selbstbewusstsein belohnt! Denn sobald Sie sicher sind, dass alles perfekt ist, werden Sie Ihre Kleidung vergessen können – und sind so charmant und überzeugend wie nie.

Welche Geschichte erzählt die Verarbeitung meiner Kleidung über mich?
Ob Nobelmarke oder Vertikalanbieter – heute produzieren die meisten in weit entfernten Ländern, nicht selten in denselben Produktionsstätten. Wir können die Herkunft der Textilien, die wir an unsere Haut lassen, bisher kaum definieren, denn die Transparenz der Produktionsketten steckt derzeit noch in den Kinderschuhen. Umso wichtiger ist es, ein paar neuralgische Punkte zu kennen, an denen sich gute

von schlechter Verarbeitung abhebt. Ein wacher Blick für diese und weitere Details pflegt Ihr Image und vermittelt, dass Sie auch sonst auf Qualität Wert legen, zum Beispiel in den Ergebnissen Ihrer Arbeit. Elisabeth Arden, eine Ikone der Kosmetikindustrie, sagte einmal: „Qualität erzeugt Vertrauen, Vertrauen erzeugt Begeisterung, Begeisterung erobert die Welt."

Wie gehe ich eigentlich mit Textilien um?
Es gibt triftige Gründe, mit Textilien gut umzugehen — hier drei von sechs wichtigen.

Image: Kleidung, die richtig gepflegt wird, sieht wesentlich länger und wesentlich besser aus, was Rückschlüsse auf den Träger zulässt. Nur mit gepflegter Bekleidung lässt sich ein Image von Zuverlässigkeit, Sorgfalt im Umgang mit Ressourcen und Lebensgewandtheit aufbauen. Nachhaltiges Verhalten kann und darf also durchaus egoistische Motive haben.

Umwelt: Wasserverbrauch ist der größte Umweltfaktor im Lebenszyklus eines Kleidungsstücks. Nicht etwa seine Herstellung. Wasser aber ist kostbar — und wird es immer mehr.

Souveräne Mobilität: Der global gewordene Bewegungsradius (das Selbstbild des Weltenbürgers / „Ich bin auf der Welt zu Hause") verlangt eine kleine, überschaubare und stets kofferfähige Garderobe. Außerdem sollte diese Respekt für Gebräuche und Sitten in anderen Ländern reflektieren und wechselnde Klimazonen bedienen. Wissen über textile Fasern und ihre Trageeigenschaften ist die Voraussetzung, um eine solche Garderobe für sich aufzubauen und zu nutzen.

Bin ich als Frau oder Mann attraktiv?
Darauf gründet sich eines der erfolgreichsten Unternehmen unserer Neuzeit und auch die Schmuckwelt lebt davon: Von dem Bedürfnis, schnell und ohne sich zu weit vorzuwagen herauszufinden, ob ein potenziell interessanter Mensch gebunden ist oder nicht. Die Ur-Idee von Facebook war, über das eigene Profil in erster Linie den Beziehungsstatus zu veröffentlichen, um zu signalisieren, ob man „zu haben" ist oder nicht. Wer meint, dass das Thema im Business nicht relevant sei, der irrt. Die meisten Beziehungen entstehen am Arbeitsplatz.

Wir leben in einer Welt voller Partnerwechsel, Wunschdenken und Anziehungskraft. Manchen scheint das aber nicht bewusst zu sein. Machen Sie sich einfach klar, dass Sie grundsätzlich immer Anziehung ausüben: Was gefällt, entscheidet man nämlich nicht selbst, sondern der Geschmack des Gegenübers. Gerade im Beruf aber kann es unangenehm werden, wenn über die Art des menschlichen Interesses Missverständnisse entstehen, zumal der Partnerring als Symbol nicht von allen getragen wird. Wer sich auf dem Parkett menschlicher Beziehungen also elegant bewegen will, gewöhnt sich am besten an, die oder den eigenen Partner beim ersten Anzeichen von Interesse in das Gespräch einzuflechten, zum Beispiel: „Mein Mann / meine

Frau und ich sprechen auch häufiger darüber…" Beiläufig als Small Talk, leichtfüßig wie ein Kompliment. So sorgen Sie für Klarheit und mehr Ruhe im Karton der privaten Neuorientierung.

Lasse ich auch andere Menschen „gut aussehen"?
Dass man als Chef oder Chefin seine Mitarbeiter nicht vor versammelter Mannschaft abkanzelt, ist klar. Genauso wenig, wie man dem Lebens- oder Ehepartner in den Rücken fällt, indem man in Gesellschaft über seine Schwächen und Marotten spricht. Auch die erwähnte Fähigkeit, etwas subtil klar zu stellen – und damit dem anderen die plumpe Nachfrage zu ersparen –, gehört dazu: zu der Eleganz des Geistes.

Wie sieht es mit den vielen kleinen Situationen im Alltag aus, über die wir kaum nachdenken und auf die wir auch nicht vorbereitet sind? Wie steht es zum Beispiel mit dem Bewerber, der einen Blackout hat, dem Chef, der nach dem Businesslunch Salatkräuter zwischen den Zähnen zeigt oder der Kundin mit Laufmasche?

Es geht die Mär von einem Hochschulprofessor, der einen ganzen Tag mit Sitzungen, Vorlesungen und Terminen verbrachte, bis ihn jemand darauf ansprach, dass er noch Spuren der morgendlichen Zahnpasta im Gesicht trug… Kleine sensible Würdigungen fallen leicht, wenn man in sich hineinhorcht und hört, was einem selbst lieb und angenehm wäre, um eben jenes Gesicht zu wahren.

Stilvoll kombiniert

Made to measure –
Was Maßkonfektion wirklich kann

Maßkleidung für den Mann: Wer ein echter Gentleman ist, trägt Kleidung auf Maß – oder zumindest auf Teilmaß. Aber was ist der Unterschied?

Bei einem echten Maßanzug wird vollständig Maß genommen. Die Konturen des Körpers werden genauso betrachtet wie die Körperhaltung, jede Rundung und jede Unebenheit. Möglich, dass der Mann wegen einer betont aufrechten Haltung und gutem Training der Brustmuskulatur vorne eine Konfektionsgröße mehr benötigt als im Rücken. Möglich, dass die Beine unterschiedlich lang geschnitten werden müssen, beispielsweise weil die Hüfte einseitig stärker oder das Gesäß runder ist. Ein Spezialist sieht all das und überträgt es auf einen eigens für diesen Kunden gemachten Handschnitt. In der klassischen Maßschmiede der Savile Row, einer Einkaufsstraße in Mayfair, gelegen im Londoner Stadtbezirk City of Westminster, ist es eine Ehrensache, dass es in diesem Prozedere auch eine oder mehrere Zwischenanproben gibt, bis der Anzug natürlich, elegant und wie eine zweite Haut sitzt. Der ganze Service macht einen Mann zum Gentleman, lohnt sich aber für den Schneider, der oder dessen Schnittmacher eigentlich ein Künstler ist, erst bei Nachbestellung. Dreidimensionale Körperkonturen auf einen flach liegenden Papierschnitt zu übertragen ist nämlich eine wahre Kunst, die viel abstraktes Denken und noch mehr Erfahrung verlangt. Für 199 Euro, denn das ist der Preis, der mittlerweile am Endverbrauchermarkt kursiert, ist eine Leistung in dieser Qualität und mit diesem hohen Maß an Individualisierung garantiert nicht zu haben.

Die Bedeutung von „Maß": Was heute als Maßkleidung rangiert, ist tatsächlich das Teilmaß. Im Laden werden Konfektionsgrößen aus einem Mustergrößensatz anprobiert und die Abweichungen von der Norm notiert. Taille minus drei Zentimeter, Ärmellänge plus zwei Zentimeter, Bundweite minus zwei Zentimeter und so weiter... Diese Maße werden elektronisch übermittelt, auf eine eindigitalisierte Vorlage übertragen und als Zuschnittmuster zur Auflage auf den im Laden ausgewählten Stoff ausgeplottet – so nennt man den Ausdruck des Schnittmusters. „Made to measure" müsste also eigentlich „Made to fit" heißen, weil bestehende Konfektionsmaße nur passend gemacht werden (engl. Fitting = Anprobe). Dank dieser modernen Methoden und der schnellen Datenübermittlung ist Maßkleidung im weiteren Sinne heute für viele erschwinglich geworden, weshalb es erfreulicherweise auch immer mehr gut gekleidete Menschen gibt. Denn Sie wissen ja: Die Passform ist das A und O des guten Stils.

Hoffentlich bald vorbei sind auch die Zeiten, in denen der Fachverkäufer eines Herrenausstatters die eine volle Nummer zu kleine Hose mit den Worten „Das ändern wir noch ein bisschen am Bund und dann passt das schon" mitverkaufen musste – weil er nur Anzüge in seinem Sortiment hatte, die den Austausch von Ober- oder Unterteilen in die für diesen speziellen Kunden richtige Größe nicht gestatteten. Denn welcher Mann hat schon eine Figur von der Stange?

Maßkleidung für Frauen: Was für Männer gut ist, ist für Frauen noch besser, denken sich seit einiger Zeit die Hersteller der Modebranche, und so sprießen auch die Anbieter von Maßkonfektion für Damen wie Pilze aus dem Boden. Nur haben sie noch mit den speziellen Eigenheiten weiblicher Ästhetik zu kämpfen. Eine Frau zufriedenzustellen, die mit ihrer Figur nicht glücklich ist – und welche Frau ist das schon? –, ist hochgradig anspruchsvoll. Der weibliche Körper hat überdies viel mehr Stellen, wo er zu- oder abnehmen und die Silhouette verändern kann – manchmal sogar in kürzester Zeit, denn das Bindegewebe von Frauen ist im Interesse des Nachwuchses viel veränderbarer als das von Männern. Damen wollen ein Kleidungsstück meist auch erst anfassen und anprobieren, weil sie seine Wirkung „live" im Spiegel überprüfen möchten. Männer dagegen tun sich leichter damit, der Kompetenz eines Schneiders und der Kraft des Statussymbols zu vertrauen. Die weibliche Zielgruppe kauft Kleidung außerdem oft günstiger und häufiger ein und setzt damit auf die quantitative Abwechslung, die sie braucht, um nicht immer wieder im selben Look zu erscheinen. Anders als bei Herren erinnert sich der Betrachter nämlich schnell daran, wenn eine Frau mehrfach im selben Kostüm auftaucht – denn Damenbekleidung ist augenfälliger. Maßkonfektion für Frauen, die also technisch längst möglich ist, steckt daher praktisch noch in den Kinderschuhen.

Was Maßkonfektion als Teilmaß und maßangepasste Konfektion, in der oft nur Ärmel- und Hosenbeinlängen individuell angepasst werden, definitiv nicht können, liegt auf der Hand: Sie sitzen nicht wie eine zweite Haut. Kleidungsstücke mit einem solchen Tragekomfort erhalten Sie erst ab einer höheren Preiskategorie. Teilmaß und maßangepasste Konfektion können den Körper außerdem nicht auf Wunschmaß bringen. Sie können aus einem unzufriedenen Menschen auch keinen zufriedenen machen oder aus einem unerfüllten einen glücklichen. Sie kann auch nicht einen temperamentvollen, bewegungsfreudigen Menschen zu einer Person mit kontrollierten Bewegungen machen. Wer also mehr Bewegung braucht, fragt besser nach Stoffen mit Elastananteil – bitte aber nur querelastisch.

Wer die Qualität einer sehr guten Passform liebt und seine Einzigartigkeit nicht in Serienware hüllen will, wird sich mit Maßkleidung wohlfühlen und großartig aussehen, wenn er ein paar Tipps beachtet:

Lassen Sie sich nicht von Trends leiten, die ein Verfallsdatum haben. Gerade in der Damenmode verändern sich die modischen Schnitte relativ oft, so dass ein informierter Betrachter schnell das Entstehungsdatum eines Outfits ausmachen kann. Das gleiche gilt für modische Materialien und Muster im Stoff. Maßkleidung, an der Sie lange Freude haben wollen, sollte klassisch bleiben und sich mehr an Ihrer Persönlichkeit orientieren als an einem Trend.

Das Kapitel „Smart shopping" verrät Ihnen mehr über gute Passform, denn nur die macht Ihr Aussehen wirklich edel. Gut angezogene Menschen kennen und tragen die für sie richtigen Weiten und wählen ihre Kleidung auch danach aus, ob sie das persönliche Bewegungsmuster respektiert. Ein Mensch mit ausladenden Bewegungen wird die Passform immer mit mehr Bewegungszugabe aussuchen als der kontrollierte Bewegungstyp. Ein guter Maßberater wird dies auch berücksichtigen oder ansprechen, wenn er es sieht.

Trotz Beratung sollten Sie selbst außer den Eigenheiten Ihres Körpers, wie zum Beispiel ein kurzer Oberkörper – bei Frauen nennt man das auch oft „eine kurze Taille" – oder unterschiedliche Konfektionsgrößen oben und unten, auch die gesellschaftlichen Längenvorgaben für Hosenbeine, Rock- und Ärmellängen kennen oder nachlesen. Und Sie tun gut daran, die Qualifikation Ihres Maßschneiders zu erfragen. Ein boomender Markt muss zwangsläufig auf Beraterressourcen aus anderen Branchen zurückgreifen, und es sind die Qualität der Einarbeit sowie die Erfahrung, die aus einem Anbieter einen Fachmann machen.

Durch Kleidung auf Maß können Frauen endlich die Taille auf der Höhe tragen, auf der ihr Körper auch tatsächlich eine Taille hat. Sie müssen nicht mehr mit einer empirischen Taillenhöhe unterhalb der Brust und verschobenen Proportionen leben, sondern können sich lustvoll auch so stilvolle und attraktive Kleidungsstücke, wie ein Etuikleid für den Sommer, anschaffen – denn das sieht nur gut aus, wenn es perfekt sitzt.

Männer und Frauen können Unikate tragen, in denen sie sich wohlfühlen, weil sie nicht einengen, natürliche Bewegungen erlauben und die Besonderheiten der Figur schmeichelhaft – ganz selbstverständlich – einhüllen. Wer sich daran einmal gewöhnt hat, kennt den Unterschied zu Serienware. Träger von Maßkleidung sind zeitlos und jederzeit ganz er oder sie selbst. Wer ein kleines Budget hat, gewinnt dennoch an Style und Ausstrahlung, wenn er – oder sie – Kleidung passend trägt und auf den Anspruch einer guten Passform nie verzichtet.

Kombi total – Wie sie gelingt

Frauen haben es manchmal schwerer als Männer. Zum Beispiel in Kleiderfragen. Während die Herren im klassischen Business vom grauen zum blauen und vom blauen zum grauen Anzug wechseln, stellt sich den Damen zusätzlich eine ganz besondere modische Herausforderung: die Kombinationsmode.

Kombi wirkt, obwohl nicht für alle Dresscodes geeignet, oft einfach jünger und lässiger als ein durchgehendes Kostüm oder ein unifarbener Hosenanzug. Während Herr sich also über die durchaus wichtige Frage der richtigen Schuhe oder eines Einstecktuchs zu Hemd und Anzug Gedanken macht, hat Frau sich auch noch in der Proportionslehre auszukennen.

Der Goldene Schnitt: Der berühmte „Goldene Schnitt", zu dem es auch eine mathematische Formel gibt, gilt als das Nonplusultra der harmonischen Streckenproportion. Er definiert, dass eine Proportion vom Auge als harmonisch wahrgenommen wird, wenn die kürzere Strecke circa 71 Prozent der langen Strecke ausmacht. Oder noch einfacher: Die Relation der Kantenlängen des DIN-A4-Formats entspricht dem Goldenen Schnitt. Umgesetzt bedeutet das: Ein taillenkurzes Oberteil sieht mit einer langen weiten Marlene-Hose harmonisch und vollständig aus – nicht aber mit einem sehr kurzen Rock, denn dann werden zwei gleiche Längen optisch gleichwertig nebeneinander gestellt, was unspannend ist. Wenn Ihr Rock also lang ist, darf das Oberteil kurz sein, ist der Rock kurz, sollte das Oberteil etwas länger sein und den Rockbund bedecken. Denn das hat noch einen anderen Grund: Ihre Dezenz.

Oberste Spielregel: Dezent wirken Sie immer dann, wenn Sie sich entscheiden, Beine oder Dekolleté zu zeigen – nie beides! Und je kürzer der Rock, desto flacher sollten auch die Schuhe sein, dann jedenfalls, wenn Sie als Frau im Geschäftsleben ernstgenommen werden wollen.

Spannung bringen Sie in die Erscheinung, wenn Sie weit mit schmal kombinieren – also die weite Hose zum schmalen Oberteil oder den Großraumpullover zur schmalen Jeans. Flächendeckend „Schlabberlook" zu tragen zeigt buchstäblich zu wenig Linie und wirkt unelegant – auch im Digitalzeitalter 4.0.

Farbanteile: Im internationalen Geschäftsleben kombiniert auch der Herr richtig, wenn seine Erscheinung zu etwa 60 bis 70 Prozent der Fläche aus Neutralfarben, wie Schwarz, Grau, Marine, allen Braun- und Beigetönen, und zu etwa 20 bis 30 Prozent aus Basisfarben besteht, zum Beispiel ein weißes Hemd, allen Rot- und Grüntönen, mittleren und hellen Blaunuancen. Der Anzug ist somit neutralfarbig, das Oberteil darunter basisfarbig. Braun und Beige als Anzugfarben sollten in der Herrenmode allerdings nicht im Kontakt mit britischen Geschäftspartnern getragen werden, da diese Farben dort nicht zum Businessdresscode gehören. Die soften Farben der Herrenhemdenpalette gehen natürlich immer, sofern sie Ihnen zu Gesicht stehen. Akzentfarben, also alle bunten und kräftigen Farben, sollten nicht mehr als etwa 10 Prozent Ihrer Gesamterscheinung ausmachen. Beim Herrn ist das oft die Krawatte, bei der Dame ein Tuch, ein Muster oder ein anderes Element. Dieses etwas strenge Reglement gilt für den konservativ-klassischen Kleidungsstil, den sie auf diese Weise gekonnt und sicher umsetzen.

Noch ein Tipp zum Einstecktuch: Ein Gentleman trägt nie ein Tuch desselben Stoffs, aus dem die Krawatte gefertigt ist. Es kann und sollte aber eine Farbe aus der Krawatte wieder aufnehmen, das wertet den Look auf. Während sich das Einstecktuch als Individualisierungsmerkmal steigender Beliebtheit erfreut, verliert die Krawatte im Zuge der „Casualisierung" unserer Kleidung als Standardaccessoire des klassischen (Geschäfts-)Manns zunehmend an Bedeutung. Immer mehr Männer entledigen sich des Binders, und Gentlemen werden mit Anzug, Hemd, Einstecktuch und Manschettenknöpfen gesichtet. Wichtig dabei ist, dass die fehlende Krawatte durch ein anderes Accessoire ersetzt wird.

Stoffe richtig kombiniert – Der sichere Griff

Fingerspitzengefühl ist gefragt, wenn es um die Kombination von Stoffen geht. Eine Garderobe wirkt individuell und spannend, wenn man Altes mit Neuem, Modernes mit Klassischem, teure Ware mit günstigen Trendartikeln zu einem einzigartigen Look zu verbinden versteht.

Aber was macht gekonnte Kombination aus? Die schlechte Nachricht: Man muss dafür schon ein bisschen Vorwissen mitbringen – nämlich Grundmaterialien, Farbrichtungen, Muster und Linien erkennen und unterscheiden lernen. Die gute Nachricht: Es macht Spaß und stilsicher, sich damit zu befassen.

Textile Flächen werden aus zwei verschiedenen Grundfasergruppen hergestellt: Aus Naturfasern und/oder Chemiefasern, auch Synthetikfasern genannt. Die beiden Gruppen haben ein sehr unterschiedliches Verhalten, wenn man sie beispielsweise an Feuer hält, was Brennprobe genannt wird. Während Wolle, Baumwolle, Leinen und Seide als Naturfasern mit hellem Rauch und feiner Asche verbrennen, schmelzen Polyester und Co. als Synthetiks unter dunklem Rauch zu einer schwarzen, zähen Flüssigkeit, die später harte Krümel bildet. Das soll Sie nicht zum Kokeln verführen. Aber Sie sollen es wissen. Die Faserarten und woran Sie sie erkennen, sind übrigens in meinem Lexikon „Stilwissen to go" beschrieben.

Die moderne Industrie liebt Mischungen aus Natur- und Chemiefasern, weil sich die verschiedenen Trageeigenschaften, wie ein gutes Körperklima bei Naturfasern, mit der Langlebigkeit der Synthetikfasern verbinden lassen. Während man die zahlreichen synthetischen Stoffe beim bloßen Anfassen nicht immer bestimmen kann, unterscheiden sich die Naturfasern im Griff sehr deutlich. Baumwolle und Leinen fühlen sich zum Beispiel kühl und etwas „härter" an als ein Wollgewebe, dessen ursprüngliche Faser flauschiger und wärmender ist. Diese Materialien sollte man in der Kleidung daher nicht gleichwertig, also in gleichen Flächenanteilen, nebeneinander stellen, sondern immer eines deutlich mehr gewichten.

Das bedeutet: Baumwollhemd unter dem Super 120 Anzug, ja – Leinenrock mit Tweedblazer, nein. Achten Sie einfach darauf, dass die Materialien, die Sie kombinieren, eine vergleichbare Glätte haben oder umgekehrt genug Kontrast aufweisen, damit die Kombination beabsichtigt wirkt und nicht wie ein Unfall. So bieten beispielsweise eine Chiffonbluse mit Grobstrick kombiniert oder ein softer Kaschmirblazer zur Jeans spannende Kontraste, die das Auge des Betrachters „unterhalten" statt langweilen. Starke Unterschiede im Material müssen gekonnt wirken. Wenn zwei Textilien ähnlich sind, aber nicht genau zueinander passen, setzen Sie lieber auf Kontrast.

Für Oberstoffe wie Kostüm- und Anzugstoffe gilt außerdem: In der Oberflächenstruktur, welche durch die Verbindungspunkte von Quer- mit Längsgarnen im Webstuhl entsteht, unterscheidet man zwischen leinwandbindigen Stoffen, die eine leichte Karostruktur haben, und köperbindigen Stoffen, die wie Jeans einen feinen sichtbaren Schräggrat aufweisen. Leinwand- und Köperbindung sollte man daher ebenfalls nicht gleichwertig nebeneinander stellen. Außerdem sollten die Flächengewichte, also schwere, dicke Stoffe oder leichte, dünne Stoffe, zueinander passen. Auch hier gilt: Gleich zu gleich – oder aber deutlich unterschiedliche Stoffdicken kombinieren. Nehmen Sie sich die Zeit, Stoffe anzufassen und zu erfahren, bevor Sie sie kombinieren.

Farben richtig kombiniert – Strahlend statt bunt

In Sachen Farbe hat die richtige Kombination viel mit Geschmack zu tun. Nur – was ist Geschmack? Eine exklusive Gabe, die nur wenigen Privilegierten zufällt? Von diesem

Glauben leben ganze Industrien. Farben gut zu kombinieren setzt voraus, dass Sie Farben erst einmal sehen lernen – ihre Qualitäten und Eigenschaften sowie ihre strategische Bedeutung.

Es gibt drei Paare von Farbeigenschaften, die Farben charakterisieren. Während die *hellen* und *dunklen* Farben nicht weiter erklärt werden müssen, sollten wir *warme* und *kalte* Töne sehen und unterscheiden lernen: Als warm wird eine Farbe definiert, die einen goldenen oder gelben Unterton hat. Als kalt bezeichnet man Farbtöne, die einen blauen Unterton aufweisen. Ein Beispiel: Die warme Variante der Farbe Rot tendiert in den Orange-Bereich und reicht dann von Hummer-, Lachs und Klatschmohnrot bis zu Orange und Terracotta, weil Rot und die warme Komponente Gelb zusammen Orange ergeben – wie uns Johannes Itten, seines Zeichens Maler und Bauhaus-Mitbegründer, vermittelt. Die kalte Version von Rot tendiert in den violetten Bereich, weil Rot und Blau, das Kalte der Farbe, zusammen Violett ergeben. Die Farbbezeichnungen im kalten Spektrum von Rot reichen von Himbeer-, Brombeer- und Burgunderrot bis zu Wassermelone, Bordeaux und Scharlachrot.

Ittens Lehre ist übrigens die Basis der sogenannten Farb- und Stilberatung, da er in seinem Werk „Kunst der Farbe" über den Zusammenhang zwischen Farben und den persönlichen Vorlieben der Menschen spricht. Damals erkannte er, dass sich Menschen zu Farben, die ihnen „zu Gesicht" stehen, instinktiv hingezogen fühlen. In unserer modernen

Welt erfahren wir aber durch Einflüsse wie Mode, Meinungen von Freunden und Partnern eine farbliche „Verbildung", durch die wir den eigenen Instinkt für Farben, die uns gut aussehen lassen, verlieren. Allein das Wissen um die eigene farbliche Richtung – warm oder kalt – und die richtige Anwendung kann die eigene Ausstrahlung unglaublich steigern.

Warme und kalte Farben lassen sich darüber hinaus sehr gut unterscheiden, wenn man goldfarbenen – also Gelb- und Rotgold – oder silberfarbenen Schmuck – wie Silber, Weißgold und Platin – darauf legt. Kalte Farben werden mit dem kühlen Schmuck immer edel und teuer aussehen, warme Töne werden durch Schmuck in warmen Farben angenehm unterstrichen. Im Übrigen ist das auch der Grund dafür, warum schwarze Kleidung, sogar das sündhaft teure „Kleine Schwarze" aus der Designer-Boutique, mit Goldschmuck kombiniert oft etwas billig aussieht. Denn Schwarz – obwohl eine Nichtfarbe – wird vom Auge als kalt wahrgenommen.

Als nächstes können Sie Farben auch noch nach *klar* und *gedämpft* unterscheiden. Gedämpfte Farben sind weich, verhangen und neblig. Denken Sie dabei an den Nebel der vom Boden aufsteigenden Feuchtigkeit im Herbst oder den Sommerhimmel sehr heißer Tage, der eine Landschaft (Meer, Berge, Sommerhimmel) in den Dunstschleier der Hitze hüllt und alles weicher und verwaschen wirken lässt. Gedämpft sind demnach alle pudrigen Töne wie zum Beispiel Tauben- oder Puderblau, aber auch Ockergelb oder Moosgrün.

Klar werden Farben mit leuchtendem Ausdruck genannt, die sehr direkt wahrgenommen werden. Sie leuchten wie das gleißende Licht der Sonne in einer Schneelandschaft oder die frischen Farben, welche die Natur als Blüten zwischen Februar und Juni hervorbringt: Krokusse, Osterglocken, Klatschmohn, Raps. Um Ihnen diesen Unterschied zu verdeutlichen, stellen Sie sich zum Beispiel einen extrovertierten Menschen vor. Er fällt, verglichen mit einer eher introvertierten, zurückhaltenden Person, in seinem Umfeld schneller und deutlicher auf. Und ebenso verhält es sich auch mit klaren und gedämpften Farben. In unserer Werbe- und Medienwelt werden beispielsweise gerne klare Farben wie Rot als Signalfarbe oder kräftiges Magenta als Imageträger für die Telekommunikationsbranche verwendet.

Die gedeckten Farben wirken introvertierter, verwaschener, weicher und sind in der Kombination weniger kontrastscharf, sie plakatieren nicht oder seltener.

Für eine gelungene Kombination wollen diese Farbeigenschaften überhaupt erst einmal gesehen und dann unterschieden werden. Harmonisch sind sie, wenn Sie warme und kalte Untertöne klar trennen und die für Sie richtige Palette auswählen. Auch ein dunkles Blau kann kälter oder wärmer sein, klarer oder weicher. Erst wenn Sie die Kombinationsfarbe darauf legen, werden Sie erkennen, ob die

Kombination im Auge einen „Bruch" ergibt oder sich die Farben harmonisch miteinander verbinden.

Ob Sie ein warmer oder kühler Farbtyp sind, hängt mit Ihren Farbeigenschaften in Haut, Haaren und Augen sowie mit Ihrem durch die Erbanlage definierten Hautunterton zusammen. Die Hautpigmente Melanin (braun), Karotin (gelb) und Hämoglobin (rot) kommen bei jedem Menschen in einer individuellen Menge vor und bestimmen über den Grad an Wärme. Ist viel Karotin – also Gelb- oder Goldanteil – vorhanden, wird der Mensch eher goldbraun werden, wenn er in die Sonne geht. Seine Haarfarbe reicht von Weißblond, häufig bei Kindern, über Mittelblond, Hellbraun, Rot oder ein rötliches Braun. Die Augen sind bei warmen Farbtypen oft braun, grün oder grau-grün. Fehlt das warme Pigment, sprechen wir von einem kühlen Farbtyp, dessen Sonnenbräune eher matt wirkt, mit den richtigen, kühlen Farben kombiniert aber sehr schön ist. Ein Farbtyp lässt sich nur durch eine qualifizierte Farbberatung ermitteln und ist auf keinen Fall durch eine Eigenanalyse, die oft von Wunschdenken geleitet wird, verlässlich herauszufinden.

Wie aber finden Sie einen kompetenten Berater? „Farb- und Stilberater" ist kein geschützter Beruf und kann von jedem angeboten werden – auch nach einem kurzen Zweitagesseminar ohne weitere Basisausbildung. Um Ihren Berater oder Ihre Beraterin zu finden, sollten Sie daher genau die Basisqualifikation erfragen: Fotografen, Designer oder

Friseure können mit dem Thema Farbe allein durch die Grundausbildung viel anfangen. Kostbare Erfahrung zahlt sich aus. Denn im Beratungsgeschäft ist sie das eigentliche Juwel: Bei einer Farbanalyse beispielsweise sollte der Berater oder die Beraterin genug „Standing" haben, um sich nicht vom Kunden in ein gewünschtes Analyse-Ergebnis hineinreden zu lassen, sondern die Nuancen empfehlen, die aus neutraler Betrachtung mit dem Kolorit harmonieren. Das setzt voraus, dass der Farbberater den Typ auch ohne das Umlegen der Tücher erkennen und sich so vorab ein eigenes Bild machen kann. Erkundigen Sie sich außerdem nach Berufserfahrungen, die Ihrer persönlichen Zielsetzung entgegenkommen. Wer zum Beispiel selbst in großen Unternehmen gearbeitet hat, kann Sie für Ihre Kleiderstrategie im gleichen Berufsumfeld viel zielsicherer beraten.

Schauen Sie sich dann den Stil des Menschen an, dem Sie Ihr Image anvertrauen wollen. Gefällt Ihnen, was Sie sehen? Ist der Mensch authentisch und glaubwürdig? Lassen Sie sich bei Anmeldung in einem Laden ruhig im Vorfeld auch das Arbeitsmaterial zeigen, mit dem Ihr Berater in spé arbeitet, auch die Farbkarten. Die tragen Sie nämlich in Zukunft öfter bei sich, weil Sie im Anschluss an die Analyse eine zu Ihnen passende Farbkarte ausgehändigt bekommen sollten. Und verlassen Sie sich nicht zuletzt auf Empfehlungen von Menschen, deren guten Kleiderstil Sie schätzen und überzeugend finden, da sie meistens selbst eine gute Beratung genossen haben.

Muster richtig kombiniert – Raffiniertes Match

Muster haben die eigenartige Tendenz, fast immer zu viel oder zu wenig vorhanden zu sein. Und weil das so ist, wagen sich viele nicht an sie heran. Mit ein bisschen Fingerspitzengefühl und Kenntnissen über Linien und Proportionen ist die richtige Wahl jedoch kein Hexenwerk. Vielleicht starten Sie mit Mustern, die Sie solo einsetzen, und steigern sich später zum gekonnten Mustermix. Der gelingt, wenn Sie nicht einfach nur aus dem Bauch heraus kombinieren, sondern sich mit dem Thema Linie befasst haben.

Linien: Sie unterscheiden sich ganz einfach in *gerade* und *geschwungene* Linien, die eine sehr unterschiedliche Ausstrahlung haben können. Je nach Größe und Feinheit des Musters wirken gerade Linien strenger und sachlicher, wenn Sie klar erkennbar und kontrastreich sind. Solche Muster oder Dessins laufen als Nadelstreifen, Blockstreifen, Pepita, Karo- oder Würfelmuster, Glencheck oder Überkaro. Sie stehen besonders gerade gebauten Figuren gut.

Die feinere Version, als Schattenstreifen, Uni-faux – also „falsche" Unis – oder Fil-à-Fil, was Faden für Faden bedeutet, wird kaum als geradliniges Muster wahrgenommen. Sie schmeicheln auch Menschen mit einer weichen Körpersilhouette, sofern die Stoffe ebenfalls weich genug sind.

Geschwungene Linien wirken softer und verspielter. Sie sollten deshalb im klassischen Business nur reduziert eingesetzt werden. Typische Muster- und Stoffnamen sind Mélange, Moiré, Paisley (wechselweise „in" oder ziemlich „out"), feine Nadel- oder Schattenstreifen sowie florale Drucke und Jacquards, die ihren Namen dem Webstuhl, auf dem sie verwoben werden, verdanken.

Gewebt oder gedruckt: Womit wir bei der Technik sind. Gemusterte Stoffe unterscheiden sich grundsätzlich durch ihre Entstehungsweise: gewebt oder gedruckt. Muster mit geraden Linien, welche durch die Richtungen eines Kettfadens, der im Webstuhl längs gespannt ist, und dem querlaufenden Schussfaden entstehen, sind naturgemäß geradlinig, wenn sie nicht sehr fein sind. Bei sehr feinfädigen Geweben fallen Kett- und Schussrichtung nicht auf, ähnlich wie beim Fil-à-Fil. Geschwungene Linien und Muster sind nur über die genannten Jacquard-Maschinen oder über einen Flächendruck zu erreichen.

Größe: Je größer ein Mensch ist, desto großzügiger dürfen die Muster ausfallen. Wer klein und zierlich ist, sollte die Größe des Musters und das Format der Eyecatcher so anpassen, dass die Persönlichkeit im Vordergrund bleibt und nicht hinter den Effekten zurücktritt. Starke Muster sollten Sie im Business allerdings nicht in einer großen Fläche einsetzen, weil sie Ihnen die sachliche Wirkung nehmen.

Im Geschäftsleben liegt der Fokus auf den Inhalten. Ein zu auffälliges Äußeres, in diesem Fall zu belebte Muster, werden als unerwünschte Ablenkung empfunden. Das ist einer der Gründe für die fast eintönige Farbwelt des Business. Designer haben sich auf diese Anforderungen – insbesondere an die Frauenmode – noch nicht genug eingestellt. Manche unter ihnen lieben geradezu gewagte Kombinationen von Dessins. Daher gilt: Wer es „im Blut" hat, richtig zu kombinieren, kann sich glücklich schätzen – alle anderen müssen die Spielregeln kennen:

Muster sind immer richtig platziert, wenn sie allein unter Unis wirken können. Sie passen als Mustermix zueinander und wirken auch nicht „wild", wenn sie von den drei Eigenschaften **Linie – Kontrast – Größe** mindestens zwei gemeinsam haben. Das bedeutet: Sie können zum Beispiel einen Streifen in derselben Farbstellung und Kontrastierung (zum Beispiel Schwarz-Weiß) in verschiedenen Größen miteinander kombinieren – wenn auch die Stoffe zueinander passen (siehe Seite 31 f.). Echt „stylish" werden Muster, wenn ihre Aussage die Persönlichkeit unterstreicht. Man muss also ein realistisches Bild von sich selbst haben: Bin ich „uni" oder „gemustert"? Bunt oder eher Ton-in-Ton? Was setzt mich am besten in Szene? Das Kapitel über Stiltypen hilft bei der Entscheidung.

Farben – Wie viel wovon?

Nicht nur Frauen stehen manchmal stundenlang vor ihrem Kleiderschrank und finden trotz vollen Fächern, Bügeln und Kleiderstangen kein passendes Outfit. Das kann verschiedene Gründe haben: Vielleicht besitzen Sie so viel, dass

Sie keinen Überblick mehr haben. Denn je größer Ihr heimisches Sortiment ist, desto mehr inaktive Kleidungsstücke besitzen Sie. Wir sprechen hier von den sogenannten „Schrankleichen" – denn tatsächlich tragen die meisten Menschen in einer Saison eine überschaubare Zahl von Kleidern – diese dafür aber dauernd. Vielleicht passen die Stoffe auch einfach nicht zusammen, weil Sommer- und Winterware wild durcheinander hängen. Oder: Jedes einzelne Teil ist schön, erweist sich aber in der Kombination als untauglich, weil es zu auffällig, zu farbig oder zu gemustert ist. Auffällige oder bunte Kleidungsstücke wirken erst vor einem ruhigen Hintergrund – ähnlich wie ein Bild einen Rahmen braucht.

Eine gut funktionierende Garderobe sollte wie fast alles im Leben ein Fundament haben – eine Art Strategie, die den persönlichen Bedürfnissen angepasst ist. Wenn mein Beruf zum Beispiel im klassischen Business stattfindet, kann ich mit der todschicken, goldgewirkten Brokatjacke erst einmal herzlich wenig anfangen – es sei denn, die passende Einladung flattert ins Haus. Sinnvoller sind gut gemachte Grundgarderobenteile, die in Schnitt, Passform, Farbe und Stoffauswahl perfekt sein müssen. Richtig kombiniert, mit etwas mehr Schmuck und einem höheren Absatz, können Sie die Brokatjacke aber auf Abendveranstaltungen anziehen.

Um Garderobenplanung kommen Sie also nicht herum: Dabei überlegen und notieren Sie zunächst, welche Kleidungsstücke Sie brauchen, um Ihren Alltag jeweils passend angezogen zu leben. Eine Businessfrau braucht beispielsweise mehrere Kostüme und Hosenanzüge, ein Pilot eigentlich nur Freizeitkleidung und ein Vater in Elternzeit mehr Jeans als Anzüge. Je weniger Kleidung Sie besitzen – und wir haben ja bereits festgestellt, dass eine zu umfangreiche Garderobe eher blockiert als funktioniert – desto neutraler sollten die Farben sein. Wer nur wenige Anzüge oder Kostüme hat, möchte sie nämlich vielfältig und variantenreich kombinieren können, um Abwechslung und Spaß an der Garderobe zu haben. Außerdem sieht ein neutrales Kostüm mit jeder Kombination anders aus – und keiner merkt, dass es dasselbe ist. Dieser Ansatz kann übrigens auch auf Geschäftsreisen sehr gepäcksparend sein.

Neutralfarben: Für eine optimale Kombinierbarkeit bauen Sie Ihre Grundgarderobe auf den Neutralfarben auf. Neutral sind Schwarz, alle Grautöne, Braun/Beigetöne und dunkles Marineblau. Wer schon einmal eine Farbanalyse gemacht hat, kennt die für sich optimalen warmen oder kalten Nuancen. Neutralfarben haben die Eigenschaft, dass sie zu allen anderen Tönen der eigenen Farbenpalette passen. Die meisten Ihrer essenziellen Kleidungsstücke wie Kostüm, Anzug, Hosenanzug, Schuhe und Handtasche sollten aus Neutralfarben bestehen, damit Sie – wie beschrieben – frei kombinieren können. Stilvoll, und zunehmend zu sehen, wirken auch neutralfarbene Hemden oder Blusen mit auffälligeren Anzügen, die basisfarbig, heller, gemustert oder strukturiert sind. Nur an diese Kombination erinnert sich jeder ... Wer mehr Garderobe besitzt, kann auffälligere Designs im

Schrank haben, je kleiner die Garderobe aber ist, zum Beispiel auf Reisen, desto mehr Neutralfarben sollten anteilmäßig vorhanden sein. In der klassisch-konservativen Businessgarderobe sollten Neutralfarben etwa 70 Prozent der Gesamtfläche eines Outfits ausmachen.

Basisfarben: Sie sind mit vielen, aber nicht mit allen anderen Farben kombinierbar. In der Regel handelt es sich um Rot- und Grüntöne sowie die mittleren Blautöne Ihrer persönlichen Farbpalette. Diese wird durch die beschriebene Farbanalyse oder Farbberatung ermittelt. Basisfarben eignen sich für Pullover, Westen, Shirts, einzelne Jacken und Hosen sowie die erweiterte Garderobe, wie das „sechste Kostüm" oder den „fünften Anzug". Und für den Mantel: Gerade bei trübem Wetter und blasser Haut ist die lebendigere Nuance vorteilhafter. Zudem sieht ein hellerer Ton kombiniert mit den meist dunklen Neutraltönen darunter besser aus. Bestimmte Basisfarben, die in Kombination mit festlichem Stoff eine edle Ausstrahlung haben, lassen sich darüber hinaus hervorragend für die festliche Abendgarderobe nutzen und bieten für diese Anlässe eine willkommene Alternative zu Schwarz.

Expressive Farben wirken auf dem Glanz festlicher Stoffe oft zu laut und unelegant. Genauso vertragen sich Muster eigentlich nicht mit Glanz. Da Schwarz aber nur den wenigsten Menschen zu Gesicht steht, weil es blass macht und Erfahrungslinien stärker sichtbar werden lässt – und weil bei Abendanlässen ohnehin alle Schwarz tragen –, gibt es reichlich Grund, abends Farbe zu bekennen. Tagsüber im Business sollten Basisfarben aber nur etwa 20 bis 30 Prozent Fläche der Erscheinung ausmachen.

Akzentfarben: Wir sprechen hier von den hellen, auffälligen und bunten Tönen Ihrer Palette, die Sie wenig, aber gezielt einsetzen sollten: Als Accessoire, Schal, Krawatte oder in einem Muster – eben als Farbvitamin. Akzentfarben werden äußerst selten in der Fläche eingesetzt, eignen sich aber hervorragend dazu, Ihren Typ zu unterstreichen und dem Outfit etwas Besonderes zu geben. Ein Accessoire oder kleinflächiges Kleidungsstück aus einer für Sie vorteilhaften Farbe belebt die neutralen Töne Ihres Kostüms und lässt es – und Sie – interessanter aussehen. Akzentfarben können alle anderen Farben regelrecht zum Leuchten bringen. Sie decken etwa 5 bis 10 Prozent der Fläche ab – das, was bei einem Mann die Krawatte ist oder war.

Die heute fast allgegenwärtige Abkehr von der Krawatte stellt übrigens höhere Anforderungen an die Fähigkeit, interessante textile Flächen, Muster und Farben zu kombinieren.

Strategische Farben: Wenn Sie bereits dabei sind, ein Gespür für Farben und ihre Kombinationsmöglichkeiten zu entwickeln, sollten Sie auch den Symbolcharakter der Grundfarben kennen: *Marineblau* und *Grau* sind die klassischen Moderatorenfarben, die neutral und kompetent wirken – allerdings auch nicht besonders spannend. Sie sind geeignet für eine Präsentation in kleiner Runde vor einem typischen Businesspublikum. Während der Präsentation vor Unternehmensvorständen kommen Sie um einen sehr dunklen, möglichst dreiteiligen Anzug mit Weste in einer dieser Farben jedoch nicht herum. „Jeans und Sneaker" tragen nämlich in der Regel nur die Vorstände selbst, die es sich als Privileg herausnehmen. Ein Nadelstreifen schafft zusätzlich Formalität und belebt die Fläche der dunklen Farbe etwas.

Schwarz wirkt dagegen distanziert, dominant und sehr formell. Nicht umsonst ist es *die* Farbe für Abendgarderobe. Auf Grund der kühlen Wirkung ist diese Nicht-Farbe jedoch nicht für ein Gespräch unter vier Augen mit dem Chef oder ein vertrauliches Mitarbeitergespräch geeignet. *Weiß* als auffälligste Neutralfarbe eignet sich in der Damengarderobe sehr gut für Auftritte, Präsentationen und große Veranstaltungen. Dabei ist Offwhite oder Winterweiß – also das gebrochene Weiß – an den meisten Menschen schöner und weniger hart zum Gesicht als Schneeweiß. Jil Sander hat ihrerzeit mehrere Nuancen von Weiß definiert, weil sie die Vielfalt der Farbe liebte und deren Ausstrahlung schätzte: Wer Weiß trägt, bewegt sich wie ein Licht im Raum – insbesondere in einer meist düster gekleideten Geschäftswelt. *Braun* steht für Wärme, Ruhe und Entspannung. *Blau* bedeutet Leistungswille, Leistungsverhalten und „Fluss" (Element Wasser), *Rot* Aktivität, Dynamik und Herausforderung (Element Feuer), *Grün* steht für Willen, Zukunftsorientierung und Wachstum (Element Holz) und

Gelb für die Selbsteinschätzung und Entwicklung (Element Erde).

Frauen sollten das *Mehr* an Farbe, das die Geschäftswelt ihnen erlaubt, nutzen – zum Beispiel durch das Tragen heller, farbiger oder cremeweißer Oberteile zu einem dunkleren Rock oder einer Hose. Vor einem großen Publikum kann Frau auch ruhig zu Rot greifen, allerdings nur in der Nuance, die ihr steht.

In Öffentlichkeit und Politik ist das Rezept „Farbige Jacke zu dunkler Hose" in der Damenkleidung allerdings so häufig übernommen worden, dass wir diese Kombination fast ständig sehen. Die Silhouette wird dadurch unterteilt. Besonders ungünstig wird der Bruch, wenn die Flächenproportion 50:50 ist – oder wenn der Jackensaum an der breitesten Stelle des Körpers endet.

Andere Kombinationen von Mustern, Stoff und Farbe, wie sie hier beschrieben sind, bringen für das Auge des Publikums mehr Spaß und mehr Abwechslung.

Stilvoll kleiden

Super 100 – Was es damit auf sich hat

Sie denken gerade an das Power Benzin von Shell mit 100 Oktan für schnellere Beschleunigung?

Ich denke eher an feine Stoffe. Die meisten von uns tragen Anzüge, Kostüme oder Kombinationen täglich im Geschäftsleben, haben aber gar keine Vorstellung davon, woraus das Tuch, das sie kleidet, eigentlich gemacht ist. Das fängt schon mit den Grundmaterialien an. Vielleicht fehlt der Blick, das Interesse reicht nicht aus oder man beziehungsweise Frau hat Besseres zu tun. Wir reden hier jedoch von Materialien, die uns täglich einhüllen, in ständiger Berührung mit der Haut – unserem größten Organ. „Ich trage prinzipiell nur Naturfasern", sagt die gepflegte Dame im Brustton der Überzeugung. Dumm nur, dass ihr rein schurwollenes Kostüm ein Futter aus Polyester/Acetat hat. Was das ist, weiß sie aber nicht... Kenntnisse über die wichtigsten Stoffgruppen sind jedoch kein Expertenwissen, sondern sollten zur Allgemeinbildung gehören, schon allein aus Gründen der Nachhaltigkeit. Denn nur, wer etwas über textile Fasern weiß, kann sie (und sich selbst) lange gut aussehen lassen oder sie der Zweitverwertung durch Second Hand zuführen. Viele wissen zum Beispiel nicht, dass Polyester aus dem Rohstoff Erdöl (Ethylenglykol) hergestellt wird. Der Anteil dieser Faser am Bekleidungsmarkt ist in den letzten Jahren stetig gewachsen, in Oberbekleidung,

Outdoor- und Winterjackenstoffen. Niemand, der so etwas unreflektiert trägt und sich von der Idee der Wegwerfmode verführen lässt, sollte sich über Plastikmüll im Meer aufregen ...

Bei Anzügen und Kostümen werden Ihnen als Oberstoffe meistens Gewebe aus Schurwolle begegnen, einer tierischen Eiweißfaser, meistens vom Schaf. Weitere Handelsbezeichnungen für tierische Naturfasern entsprechen dem Tier, von dem sie stammen, zum Beispiel Alpaka, Vikunja, Kamel, Angora, Kaschmir – eine Ziege – oder die Seide von der Raupe.

Nicht selten werden diese Oberstoffe mit Polyester gemischt, einer synthetischen Chemiefaser. Während nämlich die Wolle gute Wärmeeigenschaften, eine hohe Feuchtigkeitsaufnahme (sorgt für angenehmes Körperklima) und eine natürliche Dehnbarkeit besitzt, hilft Polyester, einen Stoff unempfindlich, zum Beispiel gegen Aufscheuern, zu machen. Eine Eigenschaft, die reine Schurwolle nicht besitzen kann. Das ist also der Grund, weshalb die sündhaft teure Designerhose aus Super 120 Kammgarn nach einer Saison schnell blank gesessen ist. Weitere synthetische Chemiefasern, die aus Erdöl gewonnen werden, sind Elastan, Polyacryl und Polyamid, um die üblichsten zu nennen. Seit ein paar Jahren bringen Veganer, die außer tierischen Nahrungsmitteln auch die Nutzung tierischer Produkte ablehnen, die Diskussion in Schwung. Dabei wird oft übersehen, dass die Alternative der voll synthetischen Gewebe in der Herstellung keineswegs unkritisch ist.

Überdies ist es fast nicht möglich, tierische Elemente aus dem Kreislauf auszuschließen: Cotton etwa wird vielfach in Indien angebaut, wo traditionell auch Kühe gehalten werden. Diese geben Dünger für die Baumwollpflanzen.

Bei Futterstoffen begegnen uns außer den rein synthetischen Futterstoffen wie Polyester auch zellulosische Chemiefasern, deren Ausgangsstoff pflanzlich ist, sogenannte Holzzellulosefasern: Viscose, Modal, Acetat und auch Gummi gehören dazu. Hier haben wir also eine natürliche Faser, die aber chemisch verarbeitet wurde. Die Trageeigenschaften sind oft angenehmer und weniger schweißtreibend als bei den reinen Chemiefasern. Was uns also manchmal ins Schwitzen bringt, sind nicht die Oberstoffe, sondern die verwendeten Futterstoffe.

Als vierte Gruppe haben wir noch die pflanzlichen Naturfasern wie Baumwolle, Leinen, Sisal oder Kokos. Letztere finden wir eher im Inneneinrichtungsbereich. Diese Stoffe geben seltener Anzüge, dafür angenehme Blusen, Hemden und Shirts ab.

Durch die Textiltechnologie können Synthetikfasern inzwischen atmungsaktiv, hautsympathisch und mit schnellen Trockeneigenschaften hergestellt werden – vorbei die Zeit der Dralon- und Nylonfasern der 60er-Jahre. Polyester und Co. müssen heute nicht mehr zwangsläufig nach Schweiß riechen. Die ultraleichten, schnell trocknenden Sporttrikots, von Profisportlern und für Sportliebhaber, verdanken wir dieser Entwicklung.

Und Super 100? Das bezeichnet die Feinheit des Garns von Schurwollgeweben: Die Zahl hinter dem „Super" zeigt an, wie viel Laufmeter des Garns ein Gramm wiegen. Damit ist ein Garn, von dem 120 Meter ein Gramm wiegen, feiner als eines, von dem nur 100 Meter ein Gramm wiegen. Je höher also die Zahl hinter dem „Super", desto feiner der Stoff – und desto schneller wird er auch durchgesessen sein.

Ein Businessalltag kann Ansprüche an den Anzugstoff stellen, die eine geschmeidige, leichte Super 120-Ware nicht erfüllen kann, einfach weil ständiges Sitzen in Meetings, im Auto, Zug oder Flugzeug oder das Ablegen der Unterarme beim Schreiben am Computer diese Flächen stark beansprucht. Diese klassischen Stellen, an denen sich Glanz bilden kann, sollten Sie immer besonders im Auge haben. Super 100 ist im Alltag und für einen Menschen mit Bewegungsmustern, welche die Kleidung weniger abnutzen (siehe auch Kapitel „Wellness für die Kleider"), als Garn fein genug.

Wer sich vor Woll-Mischgeweben, die auch einen Synthetikanteil enthalten, nicht scheut, wird an Bürokleidung aus einer solchen Komposition – so nennt man die Mischung der Grundmaterialien – länger Freude haben. Synthetiks haben eine deutlich höhere Scheuerresistenz als Wolle und sorgen für eine längere Lebensdauer Ihrer Kleidung. Gerade in der Entwicklung von Firmenkleidung (Uniformen) wird auf die technischen Werte hinsichtlich Scheuertourenzahl, Knitterverhalten und Warengewicht geachtet, weil diese Kleidung besonders viel, auch aus wirtschaftlicher Sicht, über längere Zeiträume aushalten muss. Businesskleidung auf dem Modemarkt gibt über diese Werte aber „noch" keinen Aufschluss. Merken Sie sich einfach, dass Stoffe mit synthetischen Anteilen länger halten als reine Wollstoffe – und dass ein Stoff aus besonders feinem Super-Garn sehr empfindlich ist.

Drunter und drüber –
Das Wäschegeheimnis wird gelüftet

Bei der Unterwäsche scheiden sich die Geister, männliche und weibliche, in „Freaks" und Funktionsanhänger:

Wenn man weiß, dass unser heutiges Herrenoberhemd ursprünglich ein Stück Unterwäsche war, dann erhält der Gedanke etwas wenig Erotisches. Dieser Umstand ist übrigens auch die Begründung dafür, dass Herrenhemden nur in der Langarmversion akzeptabel sind – als Kurzarmhemd aber unter Gentlemen als stillos rangieren.

Statistisch gesehen geben deutsche Männer pro Jahr erschreckend wenig Geld für neue Unterwäsche aus – praktisch gesehen sollten sie (Sie) sich nicht nur auf eine gewisse Mindestmenge einlassen, sondern auch ein wenig Zeit in die richtige Form investieren. Die Diskussion lässt sich aber in allen Fällen – bei Männern wie bei Frauen – auf einen Punkt bringen: Unterwäsche im 21. Jahrhundert soll nicht abzeichnen, der Körperform schmeicheln und die Silhouette sanft unterstützen. Zum Glück leben wir in Zeiten der nahtlosen Kantenverarbeitung ...

Viele Frauen mit einem Faible für Wäsche lieben farbige Modelle mit Spitzen, Nähten und Raffungen. Allein zu wissen, dass man schöne Wäsche trägt, gibt ein unglaubliches Körpergefühl, was wiederum die Bewegungen positiv beeinflusst. Wirklich Klasse hat der gemusterte Luxus aber nur, wenn er unter blickdichter Kleidung getragen wird. Denn sobald die Oberstoffe im Sommer leichter werden, scheint schnell einmal etwas im Gegenlicht durch und gibt ungewollten Einblick in persönliche Vorlieben. Farblich gilt (für Herren- und Damenwäsche) noch immer Großmutters Rezept: Helle Wäsche unter heller Kleidung, dunkle unter dunkler Kleidung. Unter Weiß sollten Sie sich allerdings für hautfarbene Unterwäsche entscheiden, da Weißes selbst unter einer hellen Jeans durchscheinen kann – je nachdem, wie dunkel die Hautfarbe ist. Neu auf dem Markt sind hautfarbene Herrenunterhemden, die auch unter einem reinweißen Oberhemd kaum durchscheinen. Dabei bevorzugen viele Männer ein Modell mit kurzen Ärmeln, das Schweiß aufsaugt – sofern genügend Baumwollanteil ihn aufnimmt.

Alles, was den Körper in eine gänzlich andere Form zwingt (zum Beispiel zu starke Push-up-BHs), wirkt unnatürlich und wenig elegant – von der Bequemlichkeit einmal ganz zu schweigen. Eine Frau sollte in ihrer Wäsche lächeln können. Mittlerweile gibt es ein breites Angebot an gefütterten und leicht unterstützenden Formen mit elastischen Trägern, die dank eines Gelpolsters, das von unten stützt, eine jugendliche Linie geben, weil dann nicht mehr sichtbar ist, dass auch die Brust der Schwerkraft folgt. Das wirkt viel natürlicher und ist für so manche Frau mit geringer Oberweite ein wahrer Segen.

Wer von der Natur mehr mitbekommen hat, braucht Polsterungen, die schnell nach Dirndl aussehen, nicht. Unbedingt mit Bügel, in einer guten Passform und nur leicht gefüttert sieht die Wäsche an dieser Büste viel eleganter aus. Denn das oberste Gebot lautet: Passen und sitzen muss es. Der Sommer legt leider auch viel Unwissenheit bloß. Unter knappen Shirts, hellen Tops und weißen Hosen wird schnell sichtbar, wenn zum Beispiel ein BH-Verschluss im Rücken zwischen die Schulterblätter rutscht, da das Stück in der falschen Größe gekauft wurde oder einfach abgetragen ist, weil das Elastan ausgeleiert wurde und eben nicht mehr hält. Die Unterbrustweite sollte bei einem BH immer parallel und auf Mittelhöhe des Oberarms sein und auch bleiben. Dazu schließt man den Büstenhalter beim Kauf im mittleren Haken – damit man noch etwas enger stellen kann, wenn das Material nach einigem Tragen nachgegeben hat. Frau sollte aber auch weiter stellen können, wenn sie beispielsweise ein enges Oberteil trägt, so dass von hinten kein Einschneiden sichtbar wird.

Wo die Unterbrustweite für einen guten Sitz nicht zu weit gewählt werden darf, braucht das empfindliche Brustgewebe genug Platz, um nicht gedrückt zu werden. Ein Bügel sollte die Brust voll umschließen und in der Mitte anliegen, vorne darf nichts „überquellen" und die Ausschnittkante sollte glatt anliegen. Er begrenzt die Brust auch seitlich. Viele Frauen wählen leider die Unterbrustweite zu groß und das Körbchen zu klein.

Bitte auch von hinten anschauen: Ob Slipkante oder Rückenverschluss: Sie ersparen sich peinliche Situationen, wenn Sie sich auch einmal von hinten anschauen. Es kann auch nie schaden, beim Kauf Ihrer Unterwäsche qualifizierte Beratung in Anspruch zu nehmen. Denn eines der größten Stilgeheimnisse ist eine gute Wäscheverkäuferin.

Stil contra Fashion – Was ist entspannter?

Umzugsunternehmen können eine Stilikone von einem Fashion Victim unterscheiden, wetten? Während die erste eine überschaubare Garderobe hat und entsprechend wenig Umzugskartons packen musste, konnte sich die zweite schon im Laden nicht entscheiden und hat vorsichtshalber gleich drei angesagte Farben von demselben Artikel gekauft, die sie seitdem nicht getragen hat. Da ihr das bei so ziemlich jedem „Must have" der Saison so geht, hat sie über die Jahre eine Garderobe aufgebaut, die ganze Schulklassen von Mädchenaugen zum Leuchten bringen würde. Nur jetzt, beim Umzug, kommt sie ins Grübeln. Sechs, acht oder zehn Hängekartons, zwölf Kisten Liegeware und fünf Kartons mit Schuhen – ohne die Schuhkartons, versteht sich. Da schnauft sogar der Umzugshelfer.

Das Dumme an umfangreichen Garderoben ist: Meistens ist das, was man an genau diesem Abend gerne anziehen würde – diese *einzigartige* Kombi, die einen unvergesslichen Auftritt verspricht – ohnehin nicht dabei. Weil ein Teil nicht zum nächsten passt, die Farben nicht kombinierbar sind und weil Teile der Garderobe Trends abbilden, die sich genau datieren lassen – wer möchte schon die It-Bag der vorletzten Saison ausführen? Wegwerfen geht allerdings auch nicht – dafür waren die Teile einfach zu teuer. Hinzu kommt, dass sich auch die Persönlichkeit immer weiter entwickelt und damit zu rechnen ist, dass Kleidungsstücke, die vor zwei Jahren zum Typ passten, heute auf einmal ihre Wirkung verfehlen.

Wer ein großes Budget hat, um die Garderobe, die Umzugshelfer und höhere Mietzahlungen für die vielen Kubikmeter Schrank zu finanzieren, kann sich im Modemarkt weiterhin austoben. Wer das nicht will, wird schon aus praktischen Überlegungen von der Fashionista zur Stilexpertin oder zum Stilexper*ten* in eigener Sache. Dazu gehört, dass man Garderobenmanagement betreibt, die Garderobe also so übersichtlich hält, dass man noch weiß, was man besitzt. Natürlich können Sie weiterhin regelmäßig Mode einkaufen – nur sollten Sie dann auch Profi im Ausrangieren werden.

Für den Überblick im Schrank hat jeder sein eigenes System: Der eine sortiert nach Ober-/Unterteilen, der nächste nach Warengruppen (Shirts, Blusen, Pullover getrennt) und wieder andere hängen sich die Kombinationen passend zusammen. Die wichtigen Kleidungsstücke mit der größten Fläche, zum Beispiel Mäntel, Anzüge, Jacken sollten sehr gut in der Qualität sein, perfekt passen und in Stil und Farbe dem Typ entsprechen. Das tun sie dann, wenn sie die Linie des Körpers wieder aufnehmen und den Charakter der eigenen Farben – Haut, Haare, Augen – reflektieren. Wenn Sie dann noch darauf achten, dass die Stoffe miteinander kombinierbar sind, ist die Garderobe schon viel variabler als bei einem Medley faszinierender Einzelteile. Die nämlich, und das ist wichtig, sollten nicht die Basis, sondern die Highlights im Kleiderschrank ausmachen.

Wer überlegt einkauft, hat kleine Stoffabschnitte der eigenen Grundgarderobe – denn Sie haben bestimmt Änderungen machen lassen, damit sie toll sitzt – zum Material- und Farbvergleich bei sich. Eine so funktionsfähig gewordene Garberobe lässt sich dann mit extravaganten Einzelteilen ergänzen, die aber nicht zwingend Trendstücke sein müssen. Die finden Sie manchmal an anderen Orten, idealerweise da, wo Kleidung nicht in Serie, sondern einzeln verkauft wird. Das können kleine Designerboutiquen sein, in denen der Designer noch selbst verkauft, gut sortierte Secondhand-Läden oder Shoppinggelegenheiten am Urlaubsort – weit weg von dem Ort, an dem Sie Ihren Stilalltag verbringen. Denn zum Glück hat die Globalisierung die großen Marken, nicht aber die kleinen Labels ergriffen. So werden Sie immer sicherer, dass Ihre Garderobe keine Sammlung von Moden ist, die für einen Massenmarkt, nicht aber für *Sie* kreiert wurden. Wer sich aus Zeit- oder Budgetgründen aus dem Massensortiment bedient, achtet bei jedem Kauf darauf, dass die Teile optimal passen und sitzen, farblich, stofflich und vom Stil her mit dem Typ harmonieren und dem Lebensalltag gerecht werden. Ein Trend ist nämlich nur genauso gut, wie er Sie gut aussehen lässt und Ihre einzigartige Persönlichkeit widerspiegelt. Ganz nach Coco Chanel: „Mode ist vergänglich – Stil niemals."

Relax, you're dressed! – Stilsichere Maximen im Frauenalltag

Wer Erfahrung mit Coaches und Coaching hat, stimmt mir sicherlich zu: Coaching ist eine tolle Sache. ... manchmal aber wünscht man sich einfach nur eine Meinung, eine Stellungnahme oder ein funktionierendes Rezept – eine Anleitung, was man nun tun soll. Und während ich Ihnen die Eigenarbeit in den klassischen Coachingthemen nicht abnehmen kann, gibt es in Fragen des guten Aussehens ein paar stilsichere Maximen, die garantiert immer Gültigkeit haben:

Schauen Sie sich immer auch von hinten an. Ob es sich um die richtige Rocklänge, die für Figur und Proportion schmeichelhafteste Jackenlänge oder den Pflegestatus Ihrer Fersen bei halboffenen Schuhen handelt: Was geht und was überhaupt nicht, sehen Sie sofort, wenn Sie sich nicht nur beim Kauf von Kleidung, sondern auch bei der Prüfung neuer Kombinationen gründlich von hinten betrachten. Ein starkes Gesäß? Kein wirkliches Problem, wenn nicht gerade die Jacke an seiner breitesten Stelle endet. Sportliche Waden? Sie wirken wohlgeformt, wenn man einen etwas höheren Schuh trägt (streckt die Wade) und den Rocksaum zum Beispiel an der schmalen Stelle unterhalb des Knies oder unterhalb der Wade enden lässt, so dass die schmale Fessel sichtbar wird.

Weit mit eng/eng mit weit. Eine superweite Hose mit Schlabberpulli? Wirkt unförmig. Enger Bleistiftrock mit hauteng geschnittener Bluse? Da könnte man genauso gut im Catsuit ins Büro gehen. Interessant wirkt eine Silhouette immer dann, wenn Sie weite Kleidungsstücke mit engen kombinieren – und enge mit weiten. Ein denkbar simpler Trick. Umso erstaunlicher, dass nur wenige internationale Vorbilder diese Maxime zu kennen scheinen.

Ihre Marlene-Hose tragen Sie also nicht mit der weiten Retro-Trendbluse, deren Schulterpolster verraten, dass sie seit den 80er-Jahren heimlich aufbewahrt wurde, sondern mit einem schmal anliegenden, taillierten Oberteil. Die schlanke Röhrenhose dagegen verträgt einen langen Gehrock (Achtung, nur für große Frauen!) und insgesamt weitere Oberteile.

Less is more. Gemeint ist: weniger Haut, nicht zu viel Farbe und die richtige Menge Schmuck. Wenn Sie als Verhandlungspartnerin mit nackten Oberarmen, auch wenn die noch so gut trainiert sind, und einer inspirierenden Rocklänge erscheinen, dürfen Sie sich nicht wundern, wenn Ihre männlichen Counterparts unkonzentriert werden. Das Gleiche gilt für zu viel Schmuck, der den Betrachter überfordert, weil er nicht weiß, wohin er zuerst blicken soll. Punktezählen, wie im Kapitel „Die Sache mit dem Schmuck" beschrieben, ist hier angesagt. Als Frau im Geschäftsleben wählen Sie im Gesichtsbereich generell nur einen einzigen auffälligen Schmuck: auffällige Ohrringe, eine auffällige Halskette *oder* eine dominante Brille. Dazu kombinieren Sie jeweils ein passendes, dezentes Pendant, also zur auffälligen Kette Ihre rahmenlose Brille – aber keine oder sehr unauffällige Ohrringe, um nicht „nackte" Ohrlöcher tragen zu müssen. Rund um das Gesicht gilt: Maximal drei Punkte auf zwei Stellen. Auf mehr sollten Sie im Geschäftsleben nicht kommen.

Beine oder Dekolleté. Eigentlich gehört das ja in die Less-is-more-Abteilung. Ein gut in Szene gesetzter Hingucker kann durchaus auch mal ein tieferes Dekolleté sein – oder aber die Beine, wenn der Gang schön ist. Beides ist im Geschäftsleben mit Vorsicht zu genießen, kann bei privaten Anlässen aber klasse aussehen. Auf keinen Fall aber sollten Sie Bein zeigen und gleichzeitig Dekolleté. Ihre persönlichen Vorzüge wollen mit Raffinesse inszeniert werden.

Je kürzer der Rock, desto flacher sollten die Schuhe sein. Mit steigender Absatzhöhe steigt auch der Reiz eines Frauenbeins, vorausgesetzt, Frau kann in hohen Schuhen souverän gehen. Ist der Rock kurz, wird der Eyecatcher „Bein" überbetont und sendet unerwünschte Signale. Die Kunst liegt in der Andeutung. Wenn Sie also einen kurzen Rock tragen möchten, sollten Sie auf möglichst flache Schuhe, bis etwa vier Zentimeter Absatzhöhe, zurückgreifen. Umgekehrt gilt: Finger weg von flachen Ballerinas, sie machen einen Entengang.

Farbe ja – aber richtig! Als Dame haben Sie im Geschäftsleben mehr Möglichkeiten, durch Farbe zu punkten und zwischen einem Heer grau- und blaugekleideter Herren positiv aufzufallen. Das tun Sie aber nur, wenn Ihnen die Farbe auch wirklich steht. Das schönste Signalrot für die flammende Rede vor 300 Leuten funktioniert nicht, wenn es die falsche Nuance ist, die Sie blass macht. Befassen Sie sich außerdem mit der Wirkung von Farben, damit Sie strategisch die richtige Wahl treffen: So kann Rot dynamisch, aber auch aggressiv wirken, Marineblau diplomatisch, aber auch langweilig, insbesondere, wenn der Schnitt zu gängig oder uniformiert ist. Das Kapitel über Farben geht genauer darauf ein.

Passform vor Preis. Der teuerste Designer-Hosenanzug wirkt billig, wenn er nicht richtig sitzt. Umgekehrt kann ein Ensemble bestechend sein, wenn es perfekt auf die Linie der Figur abgestimmt ist und gut sitzt. Ein „Smart Shopper" kennt – wie im späteren Kapitel beschrieben – seine individuellen Längenmaße und achtet darauf, dass Ärmel- und Hosenbeinlängen, Taillenhöhe und Proportionen der eigenen Figur passen. Ein Geheimnis gut gekleideter Menschen ist daher ihr Änderungsschneider.

Qualität hat nur bedingt mit dem Preis zu tun. Es kommt darauf an, in welchem Preissegment Sie sich bewegen. Der prozentuale Anteil des Fertigungspreises von Kleidung ist bei Luxuslabels natürlich unendlich viel niedriger als bei knapp kalkulierter Ware. Als Kunde zahlen Sie überdimensionierte Marketingbudgets gleich mit. Was früher noch galt – „Eine Marke steht für eine besondere Verarbeitung/ Passform und Qualität" – ist schon lange nicht mehr so. Heute wird Kleidung über den Markenhype verkauft, nicht mehr über die Qualität. In der Produktion geht es also um Margenoptimierung, den Gewinn nach Abzug der Material-, Betriebs- und Lohnfertigungskosten. Darum wird in Niedriglohnländern genäht und an vielen Details gespart. Zum Beispiel an den Knöpfen.

Extratipp: Nähen Sie sich neue, hochwertige Knöpfe an Ihre Jacken. Das macht den Look edel.

Extrem günstige Textilien sollten Sie grundsätzlich mit Vorsicht betrachten: Was hat die Näherin bekommen, wenn Sie von dem Preis, den Sie bezahlt haben, die Mehrwertsteuer, die Handelsspanne des Ladens, die Transportkosten und die Materialkosten abziehen? Dann merken Sie nämlich, dass bestimmte Preise gar nicht funktionieren können. Verbraucherverantwortung fängt genau hier an.

Rainy Days – Stil bei schlechtem Wetter

Es gibt Tage, da gehen bestimmte Menschen am liebsten gar nicht nach draußen, jedenfalls nicht freiwillig. Ist es ein Katzen-Chromosom im Menschen? Nicht ganz, denn die Hunde lieben das nach ihnen benannte Wetter ja bekanntlich auch nicht… Und die Briten titeln in solchen Fällen „It's pouring cats and dogs", wenn der Inselregen überhand nimmt. Nur die Frischluftfanatiker triumphieren: „Es gibt kein schlechtes Wetter – nur ungeeignete Kleidung." Ist es also altmodisch, Hundewetter nicht zu mögen? Well… Gehen wir in den nächsten Jack-Regenwetter-Schnee-und-Mountainclimbing-Laden, finden wir massenhaft Funktionstextilien, meistens aus China, denn die Textiltechnologie quillt über vor High-Tech-Membranen. Die halten zwar die Elemente Wind und Wetter ab, werden aber ebenfalls von nahezu der gesamten weltweiten Bevölkerung getragen, inklusive Logo außen auf der Kleidung. Nichts für „Gentle Persons" mit Individualitätsanspruch… Der nächste Weg führt in Berufsbekleidungsläden oder Skiparadise. Immerhin, die sind fit und firm in ISO-Normen für bestimmte Sicherheitsstandards und Wärmekomfort: Wir lernen, dass dicke Schuhsohlen zwar ein Garant für warme Füße, aber alles andere als cool sind. Die Frage ist nur, ob die fellgefütterten Moonboots auch das Herz wärmen?

Wer sich selbst bei unschönem Wetter stilvoll repräsentieren will, ist auch im Textiltechnologie-Zeitalter noch immer auf Fantasie angewiesen. Die Ganzkörperbedeckung aus China-Membranen mag vielleicht Wind und Kälte abhalten, dichtet aber auch Ihre persönliche Ausstrahlung ab; also versuchen Sie es ohne. Frierend und mit roter Nase möchte aber auch niemand seinen Auftritt bestreiten und schon gar nicht in eine Kamera lächeln. Welche Möglichkeiten haben Sie also?

Wärmende Underwear: Wenn es nur kalt und nicht nass ist, können Sie heimlich mit Skiunterwäsche agieren und darüber Ihren Businessanzug tragen. Dazu ein schicker Poncho oder ein Manteltuch für die Dame, eine knielange Lederjacke oder ein Trench für den Herrn – und natürlich Schuhe mit dicker Sohle, die sich als Turnschuh zum Anzug inzwischen etabliert haben. Über diesen gigantischen Trend lässt sich trefflich streiten: „Stylish" mag es sein, stilvoll nicht unbedingt.

Planen Sie außerdem rund um temperaturabhängige Events einen Plan B mit Wohlfühlfaktor ein, der die Katzen und Hunde unter Ihren Gästen bei Laune hält. Vielleicht sind es ja mehr als Sie meinen ... Und wie jeder Gartenparty-Gastgeber einen Rückzugsort für unerhoffte Regengüsse gleich mitplant, haben auch Sie bei kaltem und gleichzeitig nassem Wetter Alternativen im Repertoire, und verlegen ebenfalls selbst das bestgeplante Outdoor-Event nach innen.

Stilvoll beschirmt: Wenn es nur nass und nicht kalt ist, hilft ein stilvoller Regenschirm. Zum gepflegten Auftritt passt der billige Kaufhausschirm nämlich schlichtweg nicht. Schöner sind Fabrikate, die einen satten Klang haben, wenn man sie über sich öffnet, und Qualität erkennen lassen. Dabei sollte, wer nicht sehr groß ist, seinen Regenschirm beim Aufspannen bitte auch stil- und rücksichtsvoll handhaben: Große Menschen haben den Schirm kleinerer Mitmenschen nämlich auf Augenhöhe und könnten dessen Spitzen gefährlich schnell ins Gesicht bekommen.

Nicht zu unterschätzen ist auch die Reflektionskraft der Schirmfarbe: Haben Sie schon mal ein Gesicht unter einem schwarzen oder – noch schlimmer – grünen Regenschirm betrachtet? Ein Magen-Darm-Virus ist nichts gegen diese Gesichtsfarbe.

Schön sind dagegen sanfte und helle Töne, denn der Regenhimmel ist schon trüb genug. Auch rötliche Farben sind gut, weil sie den Teint beleben, eventuell auch helles Rosa, der Hautschmeichler, der zum grauen Businesskostüm auch nicht kitschig aussieht, oder Lachs. Für Frauen mit vielen Männern in ihrem Umfeld ist das sogar ein Geheimtipp: Einen rosafarbenen Schirm wird Ihnen kein Mann jemals entwenden, der bleibt Ihr Eigentum. Eine wasserdichte Sache.

Stil im Businessalltag

Ihr Stil spiegelt Ihre persönliche und menschliche Entwicklung wider. Deshalb sollte Ihre Garderobe auch immer wieder daraufhin überprüft werden, ob die Kleidungsstücke noch zum aktuellen Stand der Persönlichkeitsentwicklung und zu Ihrem Lebensstil passen.

Um Ihnen eine Vorstellung davon zu vermitteln, wie sich verschiedene Stile ausdrücken können, werden hier vier Stilrichtungen, die aber mit den farblichen Jahreszeiten, die durch eine Farbanalyse ermittelt und meistens nach den Jahreszeiten benannt werden, nicht in Verbindung stehen, beschrieben. Wenn Sie eine Farbberatung gemacht haben, wählen Sie aus der eigenen Farbpalette die Nuancen aus, die Ihre Ausstrahlung am wirkungsvollsten unterstreichen; so bevorzugt beispielsweise eine klassische Frau, die in einer klassisch-konservativen Branche wie einer Bank oder Versicherung arbeitet, eher die gedeckten und dunkleren Farben ihrer Palette, um die elegante Wirkung zu unterstreichen und ihrem Berufsbild gerecht zu werden. Allerdings wird auch in diesen Branchen der Dresscode langsam gelockert, zumindest was Farben angeht. Unterschieden werden aufwendigere und natürliche Stile:

Aufwendigere Stile mit höherem Zeitaufwand
- klassisch
- avantgardistisch

Natürliche Stile mit geringerem Aufwand

- casual-leger (lässig)
- sportlich

Der klassische und der legere Kleidungsstil kommen den Linien abgerundeter Figuren besonders entgegen, während die Ausstrahlung des avantgardistischen und sportlichen Stils geradlinigen Körpern steht. Wer gerade gebaut ist, sich jedoch als legere Persönlichkeit empfindet, muss den perfekten Kompromiss wählen – in diesem Fall gerade Schnitte, die der Figur schmeicheln, und legere Muster in helleren Farben, die den Typ unterstreichen. Das bedeutet: Schnitte und Stoffe sollten sich immer an der Körperlinie orientieren, Muster und Details an der Stilrichtung, für die Sie sich entscheiden und die Ihr Image prägt.

Diese Entscheidung sollte unbedingt auch Ihre Ausstrahlung und die Wirkung auf andere mit einbeziehen – ohne Wunschdenken. Stellen Sie sich daher noch diese weiteren Fragen:

- Was strahle ich aus und wie wirke ich auf andere?
- Welchen Lebensstil habe ich – und was verlangt mein Beruf von mir?
- Wie fühle ich mich wohl?
- Wer bin ich, wenn ich nicht arbeite?

An dieser Stelle ist wichtig zu erkennen, dass die einzelnen Stilbeispiele nicht wertend sind: Der klassische Typ ist nicht besser als der Avantgardist, der sportliche oder legere Typ, und umgekehrt. Wenn Sie beim Lesen der Typbeschreibungen innere Widerstände spüren, fragen Sie sich, woran das liegen kann. Hegen Sie gegenüber bestimmten Ausdrucksweisen von Persönlichkeit – denn etwas anderes sind die Stiltypen nicht – vielleicht Vorurteile? Haben Sie ein Wunschbild, welcher Typ Sie sein wollen, um der Welt zu gefallen? Jetzt ist die Zeit für Ehrlichkeit. Denn Sie kommen an der Frage nach der eigenen Persönlichkeit nicht vorbei, wenn Sie sich mit Ihrem Stil befassen.

Entscheidend ist im ersten Schritt die Frage: „Wie viel Zeit bin ich bereit, dem Thema Kleidung und Styling in meinem Alltag einzuräumen?" Nicht umsonst werden die Stiltypen in natürliche und aufwendige Stile unterschieden. Bei einer natürlichen Frau, also einer sportlichen oder legeren, muss es morgens schnell gehen – während eine klassische oder avantgardistische Frau in der Regel nicht ungeschminkt vor die Tür gehen würde.

Wenn Sie ehrlich mit sich selbst sind, wird es einen – maximal zwei – Stile geben, die Sie und das Bild, das auch andere von Ihnen haben, treffend beschreiben. Die Entscheidung für den eigenen Stil klärt das persönliche Profil und steigert die Ausstrahlung – ein „Pendeln" zwischen mehreren Stilen dagegen verwässert Ihre Ausstrahlung, ist unnötig anstrengend und überfrachtet Ihren Kleiderschrank mit zu vielen Kleidungsstücken.

Kleidung kann uns Aufschluss darüber geben, wie unser Gegenüber „tickt". Einem geschulten Betrachter kann sie Hinweise geben, wie er reagiert und für welche Produkte und Nutzenargumente er offen ist. Die Kenntnis der Stiltypen und ihre richtige Anwendung kann damit auch Ihren Berufserfolg steigern, weil Sie – wenn Sie das Kaufverhalten der Stiltypen kennen – empfängerbezogen argumentieren und Ihren Kunden besser erreichen, ihn da „abholen", wo er ist.

Der persönliche Stil verbindet Eigenempfindung mit der Wahrnehmung der Umwelt. Bei charismatischen Menschen stimmen Selbstbild und Fremdbild überein. Das verlangt, sich selbst zu akzeptieren, die eigene Wirkung zu erkennen und mit allen Mitteln zu stärken. Das Wissen um die eigenen Linien, Proportionen und Farben und der daraus resultierende geschickte Einsatz von Stoffen, Mustern und Schnitten gehört zu diesen Mitteln. Dazu kommen Kenntnisse der gesellschaftlichen und beruflichen Etikette – und die Wertschätzung anderer Menschen sowie der eigenen Person. Denn erst diese Wertschätzung macht aus einem Menschen eine authentische und gewinnende Persönlichkeit.

Klassischer Kleidungsstil – Top im Business

Dieser Stil hat unser Geschäftsleben über Jahrzehnte geprägt, weil er Dezenz, Kompetenz, Würde und Eleganz ausstrahlt. Auf internationaler Ebene, bei Tagesschau-Sprechern und in bestimmten Branchen hat er noch immer einen hohen Stellenwert. Im Alltag aber steht er auf dem Prüfstand. Sein Vorteil birgt aber auch die Gefahr, in einem uniformierten Dresscode unterzugehen, so dass die Persönlichkeit, die in dem eleganten Outfit steckt, fast völlig zurücktritt.

Ein klassischer Look eignet sich dennoch hervorragend, um ungeliebte Eigenheiten des Körpers zu kaschieren und kompakte Figuren gut aussehen zu lassen. Klassische Kleidung muss, allen Vorurteilen zum Trotz, nicht alt aussehen – kann es aber. Daher entscheiden sich viele Menschen, die in jungen Jahren avantgardistische oder sportliche Stile bevorzugt haben, ins klassische Fach zu wechseln und ihre avantgardistische Ausstrahlung mit entsprechenden Accessoires zu unterstreichen. Betont jugendliche oder extravagante modische Statements können nämlich auch peinlich wirken, wenn man älter wird.

Manche junge Frau – oder manch junger Mann – entscheidet sich schon früh für den klassischen Stil und fühlt sich ein Leben lang wohl darin. Es gibt Männer und Frauen, die im Businessanzug wirken, als seien sie darin geboren.

Klassische Bekleidung zeichnet sich durch die Klarheit der Linie, glatte, hochwertige Materialien und Körpernähe aus. Körpernahe Schnitte strecken, wirken angezogen und bringen die Linien der Figur und ihre Bewegungen zur Geltung. Der Stil ist in allen Details „moderat", verwendet also tendenziell dunklere bis gedeckte Farben, vielfach die erwähnten Anzugschnitte und verzichtet auf auffällige Accessoires. Entsprechend haben Persönlichkeiten, die sich als klassisch einordnen, häufig ein stärkeres Bedürfnis nach gesellschaftlicher Anpassung und bevorzugen einen Kleidungsstil, der ihren Status repräsentiert. Sie legen nicht nur bei Stoff und Verarbeitung Wert auf Qualität, sondern investieren auch gerne in hochwertigen Schmuck, wenige, aber umso schickere Accessoires und gute Schuhe, deren Wirkung sie kennen und schätzen. Frauen dieses Stils verbringen oft mehr Zeit mit Styling und Körperpflege, als es beispielsweise ein sportlicher oder casual-legerer Typ je tun würde. Klassiker sind demnach am besten beraten, wenn sie in die Qualität einer edlen, funktionalen Garderobe investieren und die Basisteile in jeder Saison durch modische Zutaten neu ergänzen und auflockern. Im Zuge der „Casualisierung" ist die Krawatte zum Anzug immer seltener zu sehen – jedenfalls in Deutschland. Wirft man aber einen Blick in andere Länder, fällt auf, dass das internationale Business sie noch immer schätzt. Die Krawatte wird eines Tages Avantgarde sein.

In meinen Seminaren höre ich oft, dass sich Menschen im Privatleben als leger, sportlich oder avantgardistisch einstufen, sich im Berufsleben aber als rein klassisch sehen. Das kann funktionieren, wenn sich diese Person in beiden Stilen gleich wohl und authentisch fühlt. Vorsicht ist aber geboten, wenn der nur im Beruf getragene klassische Stil eine Verkleidung darstellt. Ein Arbeitgeber oder Auftraggeber zahlt für die volle Leistung, die ein Mensch nur liefern kann, wenn er ganz er selbst ist und keine Rolle spielt.

Die Kenntnis der Stiltypen hilft Ihnen auch, wenn sie Ihnen als Kunden begegnen: Das wird Ihren Vertriebserfolg – falls Verkauf Ihr Beruf ist – steigern.

Der klassische Typ als Kunde legt Wert auf Qualität, Nachhaltigkeit und einen edlen Look. Er will in jedem Moment das Gefühl haben, das Beste für sein Geld zu bekommen. Dabei spielt der Preis eine untergeordnete Rolle, wenn nur die Qualität stimmt.

Duftempfehlung: Frauen wählen klassisch-elegante, Männer klassisch-kühle oder leicht würzige Noten mit guter Haftbarkeit, die Klasse, Stilsicherheit und Raffinesse ausstrahlen. Ihr Duft sollte nie zu schwer/orientalisch oder zu fruchtig sein. Das Kapitel „Dufte Typen" verrät Ihnen mehr darüber, wie Sie Ihren typgerechten Duft finden.

Lässiger Kleidungsstil – Da, wo es passt

So wie der Stil sind auch die Menschen, die ihn tragen. Legere Menschen sind immer umgänglich, oft lebhaft und großzügig in der Bewegung, weswegen ihre Kleidung sie nicht einengen darf. Man kommt mit ihnen leicht in Kontakt, was nicht heißt, dass jeder legere Typ zwangsläufig auch extrovertiert sein muss – manche sind auf eine sanfte Weise sehr zugänglich.

Je nach Größe und Statur werden hier leichtere bis mittlere und bevorzugt fließende Stoffe eingesetzt, welche die großzügigen Schnitte ergänzen. Der casual-legere Stil lässt somit viel Spielraum – die ideale Bekleidung also für Freizeit, Menschen, die im Beruf keinem Dresscode zu folgen haben, oder solche, die zu Hause arbeiten. Der lässige Stil gehört jedoch definitiv nicht ins klassische Geschäftsleben, wie schon die Übersetzung des Begriffes zeigt: zwanglos, salopp, beiläufig. Wer sich als legerer Typ fühlt, aber einen klassischen Beruf ausübt, trägt besser klassische Schnitte mit legeren Elementen wie helleren Farben, bewegten Mustern und weicheren Stoffen.

Der casual-legere Stil verwendet darüber hinaus viel Stoff und eignet sich daher gut, um ein paar Pfunde zu kaschieren. Das setzt allerdings auch eine gewisse Körperhöhe voraus, da zierliche Menschen durch zu viel Stoff leicht erdrückt werden; ihre Statur wirkt dann schnell gestaucht. Kleine Figuren sollten den legeren Stil nur symbolisch einsetzen und das Lässige, das sie ausdrücken möchten, durch nicht zu große Muster und Farben sowie luftige Schals und Tücher als Accessoires demonstrieren. Frauen dieses Stils haben meist eine Abneigung gegen übertriebenes Styling und räumen den morgendlichen Ritualen weniger Zeit in ihrem Tagesablauf ein: Eine natürliche Frau wird niemals mehr als fünf bis zehn Minuten für ihr Make-up aufwenden! Manche Elemente wie zum Beispiel Volants, Rüschen und Floraldrucke, wirken romantisch. Sie vertragen sich mit den drei anderen Kleidungsstilen jedoch nicht und gehören daher in den casual-legeren Stil. Romantische Elemente sehen ohne oder mit nur wenig Make-up am besten aus. Zierliche Figuren sollten aber mit romantischen Signalen vorsichtig sein, weil ihre Ausstrahlung sonst zu „niedlich" wird, was dem geschäftlichen Erfolg im Weg stehen kann.

Der legere Typ als Kunde liebt es praktisch. Er begeistert sich für Waren mit Multifunktionen, leichter Handhabung und Reinigung. So einem Kunden können Sie die Maschinentauglichkeit von Textilien erläutern – nicht aber modische Raffinesse und Sexiness der Kleidung, weil diese für ihn weniger von Bedeutung sind.

Duftempfehlung: Zum casual-legeren Typ passen leichte, blumige, nicht zu warme Noten bei Frauen und Männern. Im Sommer können Sie auf grüne Düfte zurückgreifen, die an Natur und Seeluft erinnern.

Avantgardistischer Kleidungsstil – Auftritt mit Kalkül

Menschen dieses Stils scheinen modische Schnitte, Materialien und Muster immer lange vor dem Trend zu tragen – oder lange danach. In jedem Fall sind sie auffällig und ungewöhnlich. Auf scheinbar lässige Art und Weise lancieren sie Looks, welche die Mode erst zwei Jahre später entdeckt, oder tragen Hochmodisches, das sich im Straßenbild noch nicht etabliert hat. „Mainstream" und Gruppentrends sind hier nicht gefragt. Avantgardistische Typen wirken souverän und selbstbewusst, auch wenn sie das selbst nicht immer empfinden. Von ihnen lassen sich die Trend-Scouts und Modeblogger in den Metropolen der Welt inspirieren.

Dieser hohe Grad an Informiertheit ist Folge einer ständigen Beschäftigung mit Zeitgeist, Trends und sich selbst. Avantgardistische Frauen und Männer sind nicht eigentlich „cool", sie identifizieren sich nur stärker als andere über ihr Äußeres und verbringen mit der Inszenierung ihres Auftritts viel Zeit. Oft nimmt man sie direkt wahr, sobald sie einen Raum betreten. Ob Make-up, Frisur oder die Linie des Körpers – nichts wird dem Zufall überlassen. Der avantgardistische Mensch ist nicht immer, aber oft sehr körperbewusst. Sie erkennen ihn an der Liebe zum Detail, mit der er sein Outfit zusammenstellt.

Dieser Stil hat auch viel mit Kultur zu tun, denn er wird von Zeitgeschehen, Literatur, Film, Kunst- und Modeszene inspiriert. Das muss jedoch nicht heißen, dass ein männlicher oder weiblicher Avantgardist einer dieser Branchen angehört. Ursprünglich stammt der Begriff *Avantgarde* aus dem Französischen und bedeutet soviel wie „militärische Vorhut" – eine Truppe von Spähern, die fremdes Terrain erkunden sollten. Später, um 1900, wurde der Begriff dann auf die Film-, Kunst- und Modeszene übertragen. Wir erinnern an die Zeit der historischen Avantgarde nach der Jahrhundertwende ins 20. Jahrhundert – dem Fin de siècle –, der unter anderem auch die Epochen des Expressionismus und Surrealismus angehörten. Auffallen und aufmerksam machen – sich abheben von der Masse – war damals und ist bis heute das oberste Prinzip dieser Bewegung.

Diese innovative Person ist für ihre Umwelt Anregung und Herausforderung zugleich. Die Kleidungsstücke – oder Requisiten? – werden auf unterschiedlichste Weise beschafft, vielleicht beim Trödler, im Tanzshop oder sie werden an der eigenen Nähmaschine entworfen. Anders als bei „herkömmlichen" Verbrauchern steht für den kreativen Avantgardisten die Idee im Vordergrund. Er oder sie wird selten „shoppen" gehen, um zu sehen, was der Markt anbietet – vielmehr haben sie eine feste Vorstellung, die sie selbst innovativ zu realisieren versuchen, um sich von der Masse abzuheben. Insgesamt hat der avantgardistische Stil viele provokante Aspekte, was ihn für klassische Berufe und konventionelle Umgebungen ungeeignet macht und darüber hinaus noch ein besonderes Gespür erfordert. Je auffälliger die Elemente sind, desto besser müssen sie „sitzen" – auch von der Passform her. Avantgardistische Elemente lassen sich aber dezent mit klassischen kombinieren, sollte man als avantgardistischer Freigeist in einem klassischen Beruf gelandet sein.

In meinen Seminaren scheuen Avantgardisten oft das Bekenntnis, diesen Stil zu verkörpern, weil sie das „Anderssein" vor sich selbst nicht zugeben wollen. Dabei bewertet die Stilbetrachtung grundsätzlich nicht: Jeder Mensch ist, wie er ist. Die Erkenntnis, im Grunde des Herzens Avantgardist zu sein, kann sehr befreiend wirken, weil man manches an sich auf einmal versteht.

Der avantgardistische Kunde: Sie erkennen ihn an der perfekten Abstimmung der Details und überraschenden Elementen – Sie gewinnen ihn, wenn Sie ihm das Besondere bieten. Dagegen bringen ihn Verkaufsargumente wie „Das ist unser meistverkaufter Artikel" oder „Das tragen jetzt alle" dazu, sofort den Laden zu verlassen. Zeigen Sie ihm das Außergewöhnliche – „Rare" –, dann fühlt er sich verstanden.

Duftempfehlung: Düfte dürfen hier schwerer, extravagant, individualistisch und auch orientalisch sein – nur nicht, was gerade alle tragen.

Sportlicher Kleidungsstil – Markanter Auftritt

Der sportliche Stil wird geprägt von geradlinigen, fast maskulinen Formen und kantigen Merkmalen wie Schulterklappen, Knöpfen in Kontrastfarben, festen Materialien, aufgesetzten Taschen sowie flachen, derberen Schuhen. So finden die geraden Formen der A- und H-Linien von Dior in den 50er-Jahren und die knappen geraden Formen des Sixties-Revivals in ihrer Linie sowie den eher festen Materialien ihre Entsprechung. Dieser Stil ist für Körper mit abgerundeter Körpersilhouette nur eingeschränkt geeignet. Wer als Frau zum Beispiel eine kurvige Figur mit schmaler Taille hat, profitiert von den knappen, quadratischen Jacken ohne

Taillierung à la Chanel nicht, weil die attraktivste Stelle verdeckt wird.

Menschen mit weichen Körperkonturen, die vielleicht ein kantiges Gesicht und/oder geradlinige Gesichtszüge haben und sich gefühlsmäßig in den sportlichen Stil einordnen, können aber Details wie Knöpfe, gerade aufgesetzte Taschen und sportliche Muster einsetzen, sofern sie auf genügend Weichheit bei der Stoffqualität achten und die Körperkontur betonen. Für eine sportliche Erscheinung müssen Sie nicht athletisch sein. Sie sollten aber auf eine gewisse Körperspannung achten, die sich bei regelmäßiger Bewegung auf jeden Fall entwickelt. Viele sportliche Typen sind schlank, manchmal sehnig muskulös gebaut und strahlen eine gewisse Natürlichkeit aus.

Ähnlich wie der legere verbringt auch der sportliche Typ weniger Zeit mit seinem Outfit, will aber trotzdem jederzeit gut angezogen und vorbereitet sein. Er hat keine Lust, sich erst bei einem Anlass Gedanken darüber zu machen, ob er passend und typgerecht gekleidet ist. Daher geben die sportliche Frau und der sportliche Mann für Artikel, vor allem Markenartikel, relativ viel Geld aus. Sie schätzen eine einfache, zeitsparende Garderobe, die dennoch Seriosität ausstrahlt.

Make-up und Styling werden gezielt eingesetzt, so dass die natürliche Ausstrahlung unterstrichen wird. Auch Parfums dürfen nie zu dominant, sondern sollten dezent, natürlich und leicht würzig/holzig sein. Sportliche Frauen legen großen Wert auf eine gepflegte Erscheinung, die aber nicht zeitintensiv sein darf. Deshalb muss auch die Frisur top geschnitten sein – nichts, was erst aufwendig frisiert werden muss.

Der sportliche Stil sieht an jüngeren Menschen gut aus. Ab einem gewissen Alter strahlt ein klassischer Stil mit sportlichen Elementen jedoch mehr Kompetenz aus. Im Beruf sollten gerade Frauen darauf achten, dass Sie nicht zu hart wirken. In einigen kreativen oder freien Berufen ist dieser Stil aber gut einsetzbar, weil seine kantigen Linien Persönlichkeit und Formalität ausdrücken.

Als Kunde ist der sportliche Mensch der typische Markenkunde, weil der Einkauf von bekannten Waren Zeit spart. Setzen Sie auf die Qualität der Marke und erkennbare Merkmale – Sie werden einen treuen Wiederholungskäufer gewinnen.

Duftempfehlung: Sportliche Typen greifen auf grüne Cypre-Noten mit androgynem Charakter zurück. Manche sportlichen Frauen bevorzugen sogar Herrendüfte. Sportliche Männer tragen herb-holzige, etwas erdige Noten mit Erfolg. Und was sind Cypre-Düfte (gesprochen: Schüpre)? Sie zeichnen sich durch einen Akkord von zitroniger Kopfnote, einer blumigen Herznote und einer holzigen, herben Basisnote aus.

Wenn man die Stilfrage in die Praxis überträgt und einmal durchdekliniert, könnte das an den Beispielen *Jeans* und *Herrenanzug* wie folgt aussehen:

Jeans: Der klassische Typ wählt eine dunkle Stoffjeans in exzellenter Passform und erstklassiger Verarbeitung, der casual-legere eine hellere Blue Denim in ausgewaschener Optik, die tiefer auf der Hüfte sitzt und praktische Cargo-Taschen hat. Das ganze Modethema der „Boyfriend-Jeans" spielt sich im Casual-Stil ab. Der Avantgarde-Typ sucht eine körperbetonte Dark Denim Jeans in einem Schnitt, den im Moment niemand anderes trägt, und der sportliche Typ kauft die angesagte Markenjeans mit vielen sportlichen Nähten, auch auf Kniehöhe – oder sucht sich im Winter eine Cordhose aus.

Anzug: Der klassische Mann trägt ihn bevorzugt in einer dunklen Farbe, dreiteilig und bei Anlass kombiniert mit Manschettenknöpfen und der passenden Krawatte, deren Knoten elegant und gekonnt gebunden ist. Dazu trägt er einen klassischen Schnürschuh in Schwarz. Der legere Mann lässt, wo immer er kann, die Krawatte lieber weg und trägt seine Anzüge für mehr Bewegung eher eine halbe Nummer größer oder achtet zumindest auf etwas Elastan im Stoff. Er liebt farbige Hemden und scheut auch hellere Anzugfarben nicht. Seine Schuhe müssen vor allen Dingen bequem sein. Der avantgardistische Mann achtet auf jedes Detail und macht sich sogar über die passenden Socken Gedanken. Sein Anzug ist perfekt und eher modisch geschnitten, zum

Beispiel tailliert und mit besonderen Verarbeitungsdetails. Eventuell trägt er ein sorgfältig gebundenes Tuch statt einer Krawatte, ein Einstecktuch und die Hosenbeinlänge, wenn er jung ist, modisch kürzer. Sein Schuh ist trendig oder modisch informiert, also dem Mainstream voraus. Der sportliche Mann sucht sich seinen Anzug aus einem nicht so glatten, strukturierten Oberstoff aus, mag andersfarbige Absteppungen entlang des Reverskragens, die man nach der dafür nötigen Nähmaschine AMF-Kante nennt, und Knöpfe in Kontrastfarben oder Hosenumschläge. Er fühlt sich wohl in Karohemden und ist ebenfalls kein Freund der Krawatte – im Gegenteil: Wenn er sie ablegen kann, entspannt sich seine Körperhaltung sichtlich. Zum Anzug kombiniert er Schuhe mit festeren Sohlen, die seinen Stil unterstreichen.

Dresscodes im Alltag – Welche Kleidung trägt Erfolg?

In den meisten Branchen gibt es eine Art „freiwillige Uniform". Sie kennen das: Man hat sich an den unausgesprochenen internen Dresscode der eigenen Firma gewöhnt und hat entsprechend viele graue oder blaue Anzüge im Schrank. Wer sich *zu gut* kleidet, wird vom Kollegenkreis schnell ausgegrenzt – wer sich zu nachlässig oder leger kleidet, wird leicht herablassend belächelt. Obwohl nicht besonders originell, lohnt es sich in bestimmten Karrierephasen, in die graue Masse der Anzugträger einzutauchen. Frauen übernehmen das leider zu oft und verspielen damit wertvolle

Pluspunkte – zum Beispiel die Möglichkeit, Farbe auch im Geschäftsleben zu tragen.

Dieses Szenario beschreibt im weitesten Sinne, was als Dresscode „Business" oder auch „Business Attire" gehandelt wird: Sie tragen Kostüm oder Anzug entsprechend den Gepflogenheiten Ihrer Firma oder Branche. Viel Unsicherheit gibt es aber rund um die Dresscodes des gesellschaftlichen und beruflichen Lebens außerhalb der Firma. „Was ziehe ich bloß auf ‚Smart Business'-Events an? Und was um Himmels willen bedeutet ‚Business Casual'? Wie casual darf ich auf einer Casual-Einladung tatsächlich erscheinen?"… und so weiter.

Smart Business beschreibt den Dresscode um internationale, repräsentative Anlässe und Meetings. Hier wird formelle Kleidung verlangt, die man daran erkennt, dass die Farben dunkler und die Details der Verarbeitung gehoben sind, zum Beispiel durch ein Hemd mit Umschlagmanschette und Manschettenknopf. Ideal sind Schwarz, Marineblau und Anthrazit, am besten mit Weste getragen, die dem Anzug zusätzlich Formalität verleiht. Mit einer solchen Weste und einem festlichen Hemd können Sie Ihren alltäglichen Businessdress mit wenig Aufwand in einen Smart Business Look verwandeln. Schaffen Sie sich daher mindestens zwei dunkle Anzüge gleich mit Weste, also dreiteilig, an. Schön wirken (auch an Frauen) feine Nadelstreifen. Dazu kombiniert Frau, wenn sie eine Weste als zu maskulin empfindet, eine festlichere Bluse, höhere Schuhe und dezenten, aber edlen Schmuck. Dass Ihre Kleidung perfekt sitzen sollte, versteht sich von selbst.

Etwas lässiger als Business sind Anlässe, zu denen mit Business Casual eingeladen wird. Das können Treffen in einem „anderen" Rahmen sein – zum Beispiel die Grillparty im Garten des Chefs oder der Abend mit Kollegen nach einer Fortbildung. Achtung! Gerade hier werden Geschäfte gemacht – und Fehler gerne registriert. Zu lässige Freizeitkleidung auf einem Business Casual Event kann Karrieren beenden. Auf der sicheren Seite sind Sie mit einem nicht zu formellen Hosenanzug, einem hellen Kostüm oder einer Blazerkombination, dazu dezenter Schmuck und nicht zu hohe Schuhe mit Blockabsatz (keine High Heels). Sportive Kleidungsstücke wie Pullover oder Jeans sollten immer hochwertige, gut verarbeitete Markenartikel sein. Für einen Mann geht auch ein hellerer Anzug, zum Beispiel mit einem sportlichen Hemd und ohne Krawatte. Im geschäftlich-entspannten Look sollte immer mindestens ein Businessteil auftauchen.

Smart Casual sind private Einladungen mit einem festlichen Anlass wie Geburtstage und Weihnachtsfeiern. Hier ist gehobene Freizeitkleidung wie ein Hosenanzug, Kleid oder eine Rock-Blusen-Kombination, getragen mit etwas mehr Schmuck, angesagt. Stoffqualitäten dürfen einen etwas festlichen Touch haben, zum Beispiel als glänzende Seidenbluse. Für den Herrn sind Freizeithose, Sakko und Hemd ohne Krawatte – oder aber ein Pulli/Shirt unter dem Sakko genau richtig. In kreativen Kreisen ist auch der meist schwarze Rollkragenpullover mit oder ohne Sakko darüber sehr beliebt, was viele Frauen übrigens sehr attraktiv finden. Dazu wird im Smart-Casual-Dresscode eine Stoffhose kombiniert.

Für private, informelle Treffen im kleineren Kreis kann man sich **casual** kleiden. Kombinationen aus Hose mit Pullover oder Jeans mit T-Shirt wirken entsprechend entspannt. Dazu immer flache Schuhe bis circa vier Zentimeter Absatzhöhe tragen.

Dresscodes und ihre Bezeichnungen unterliegen wie auch unsere Sprache, die lebendig ist, Veränderungen. Darum können Ihnen auch Einladungen mit den Vermerken „Semi Formal" oder „Day Informal" begegnen. Grundsätzlich sollten Sie sich für jedes Event im Geschäftsumfeld auch businessgerecht kleiden, also von Smart Business bis Business Casual. Sie können dann immer noch Sakko oder Jacke ausziehen, wenn es weniger formell zugehen sollte. Sich nachträglich aber schicker zu kleiden, wenn Sie zu leger erschienen sind, ist nur durch Schuhe und Accessoires zu machen, die Sie dann auch vorsorglich dabei haben müssten.

„Come as you are" bezeichnet eine für jeden Dresscode offene Einladung, die Ihnen als Einladungsempfänger Vorbereitungen ersparen soll. Noch in den 50er-Jahren war es nämlich üblich, sich für verschiedene Anlässe im Laufe eines Tages mehrfach umzukleiden. In einem modernen Businessalltag ist das aber so gut wie nicht mehr möglich. „Come as you are" trägt dieser Entwicklung Rechnung: Man erscheint in der Kleidung, die man für die Termine des Tages ohnehin getragen hat. Im Businessumfeld sollten Sie aber auch hier nicht zu leger auftauchen.

Extratipp: Ein gepflegtes Auto gehört zu einer ansprechenden Erscheinung dazu. Gerade im Kundenkontakt...

Schick oder schäbig ins Theater? Schwierig wird die Wahl des richtigen Dresscodes manchmal, wenn es um Kulturgenuss geht. Wenn beispielsweise eine Einladung in die Oper oder ins Theater ruft, stellt sich die Frage: „Was anziehen?" Leider lautet auch hier die Spielregel: It depends – es kommt darauf an. Der Dresscode für Kulturveranstaltungen ist abhängig von der Art des Stücks, der Location und dem Rahmen des Abends, wie beispielsweise ein „Jubiläum" oder „regelmäßige Besuche als Abo-Gänger". Und natürlich kommt es auch auf Ihre Begleitung an. Grundsätzlich sind Einladungen und Kulturevents eine wunderbare Gelegenheit, sich einmal anders, hübscher oder aufregender und stilbewusster zu geben als im Alltag. Leider sind die Theaterfoyers viel zu oft mit nachlässig wirkenden Jeans-und-Pulli-Trägern gefüllt. Dabei ist die stilistische Vorbereitung ein Teil der Vorfreude und stellt ein Kompliment an das Ensemble dar. Sie können nämlich davon ausgehen, dass sich Schauspieler und Sänger textlich, stimmlich, sprachlich und körpersprachlich gründlich vorbereitet haben, um Ihnen einen besonderen Abend zu schenken – und dass eine Kostümbildnerin manchmal Monate an der textilen Inszenierung gearbeitet hat. Grund genug, diese Mühe mit entsprechendem Aufwand in der eigenen Erscheinung zu würdigen.

Natürlich verlangt eine Theateraufführung der Schauspielschule in einer Fabriketage nach einem anderen Dresscode als die große Oper im geschichtsträchtigen Staatsgebäude. Während Sie im ersten Fall allenfalls *Smart Casual*, besser noch *Casual* erscheinen, verlangt die zweite Veranstaltung nach dem Dresscode *Cocktail* oder zumindest *Smart Business*.

Noch eines zum Schluss: Wenn Ihre Begleitung oder Ihr Gastgeber garantiert in einem bestimmten Dresscode erscheinen wird, vergessen Sie alles, was Sie darüber wissen und passen sich an – für gut gekleidete gemeinsame Abende beim Kulturgenuss.

Anlässe – Souverän auf festlichem Parkett

Ganz unten auf der Einladung, gleich neben dem unvermeidlichen „Rsvp" (das war doch was Französisches, oder?) steht der geheimnisvolle Vermerk „*Black Tie*" ... Was sollen Sie bloß anziehen? Die schwarze Krawatte? Oder doch lieber eine Fliege? Smoking oder Frack? Das lange Abendkleid oder doch besser das kleine Schwarze?

Im festlichen Bereich sprechen wir von **White Tie**, wenn zu großen Bällen, Banketten, Jubiläen, Festakten und dem Abendprogramm großer Hochzeiten geladen wird. Es könnte ja sein, dass Sie zur Hochzeit eines der europäischen Königshäuser geladen sind – aber auch auf einer Gala gelten die Dresscodes „White" oder „Black Tie", die manchmal etwas dezimiert mit dem Satz „Um festliche Kleidung wird gebeten" ausgeschrieben werden. Das bedeutet: große Abendrobe – ein unbedingt langes Abendkleid mit Dekolleté, Mantel, Stola, Schmuck und aufwendiger Frisur, zum Beispiel hochgesteckt. Schuhe mit möglichst hohen und vor allen Dingen schmalen Absätzen. Der Herr trägt klassischerweise Frack, Frackschleife, Manschettenknöpfe und Taschenuhr. Ein Smoking oder ein knielanges Kleid sind für echte White-Tie-Events definitiv underdressed.

Black Tie/Tuxedo wird auf Hochzeitsfesten, dem Standesamt, Vernissagen und größeren gesellschaftlichen Festen getragen. Wenn es die Einladung erlaubt, darf hier auch ein kürzeres, zwingend aber ein festliches Kleid oder ein Seidenanzug getragen werden. Dazu gehören edler Schmuck, Schuhe mit hohen und schmalen Absätzen und ein festlicheres Make-up. Der Herr trägt Smoking mit Satinschleife und Kummerbund sowie ein festliches Hemd.

Cocktail ist ein moderner Zwitter und wird gerne für Oper, Vernissagen und Abendveranstaltungen im festlichen Rahmen ausgeschrieben. Als Frau tragen Sie ein Etuikleid mit oder ohne Jacke, also das berühmte Cocktailkleid, und alle zuvor erwähnten, festlichen Accessoires. Auch hier sollten Sie zu Schuhen mit hohem oder zumindest schmalem Absatz greifen, sofern Sie darin gehen können. Denn nichts macht so unelegant wie ein unsicherer Gang. Als Mann wählen Sie einen schwarzen, am besten dreiteiligen Anzug mit Weste, Krawatte oder Fliege – vielleicht auch einen Smoking, Manschettenknöpfe und ein entsprechendes festliches Hemd. Während Männer eigentlich nichts mehr falsch machen können, solange sie den Dresscode beherrschen, haben Frauen einerseits die Möglichkeit, zwischen all den Schwarzgekleideten wunderbar aufzufallen – andererseits ist es gar nicht so einfach, das perfekte Abendkleid zu finden. Für Abendkleider gilt: Je älter man ist, desto schlichter sollte das Kleid ausfallen. Schwarz (welches die meisten Menschen älter macht) ersetzen Sie durch eine Ihrer Top-Farben aus Ihrer persönlichen Farbpalette. Entscheiden Sie sich immer für eine starke Farbe oder ein Muster – beides zusammen wird über die große Fläche eines Abendkleids zu viel.

Elegant wirken Sie immer dann, wenn Sie sich wohlfühlen. Wer also empfindliche Füße hat, schafft sich für solche Events Tanzschuhe an, die ein sehr schönes Bein machen und für Wohlbefinden auch bei Bewegung konzipiert sind. Sofern Ihre Fesseln sichtbar sind, sollten Sie tagsüber, bevor Sie sich für das Event umkleiden, keine Socken tragen, deren Ränder in die Haut einschneiden. Sockenränder am Bein wirken nicht elegant.

Und noch etwas: „Rsvp" steht übrigens für „Répondez s'il vous plaît" – bitte antworten Sie. Dabei sollte eine Antwort auf eine Einladung doch selbstverständlich sein, oder?

Das kleine Schwarze – Cocos Erbschaft

Charlotte hat eine Traumfigur. Und sie hat heute Abend eine Verabredung mit Charles, dem aufregenden Typen aus der Werbeagentur, die den Pitch, die Ausschreibung, zur neuen Werbekampagne ihres Arbeitsgebers gewonnen hat. Dass Charles eigentlich Karl-Heinz heißt, ist eine andere Sache. Sie sind zur Finissage der Debut-Ausstellung eines vielversprechenden Künstlers eingeladen, dessen Namen sie vergessen hat. Die Galerie jedenfalls gehört momentan zu den angesagtesten der Stadt und das zu vermutende Publikum verlangt nach einem entsprechenden Outfit.

Ein klarer Fall für das kleine Schwarze – aus Samt. Denn kein Schwarz ist tiefer als das eines Samtes, hat Charlotte einmal gelernt. Aus leichtem Stretchgewebe umschließt das Kleid die Figur wie ein Etui und zeichnet sie sanft nach. Von einem Shift-Kleid, der gerade geschnittenen, untaillierten Alternative, hat Charlotte beim Kauf Abstand genommen. Das schmale, ärmellose Etuikleid, dessen Rückenausschnitt durch einen Hauch Tüll perfekt akzentuiert wird, sieht mit den dazugehörigen schmalen, einzelnen Ärmeln, die statt Handschuhen dazu kombiniert werden, einfach raffiniert aus. Dazu eine lässige, nicht zu akkurat hochgesteckte Frisur, hochtransparente Strümpfe in Faux-noir, also „falsches Schwarz" – was edler wirkt als kompaktes Schwarz –, Perlenohrringe, Clutch und High Heels, ihre heißeste Neuerwerbung. Voilà, es hat sich gelohnt, heute eine Stunde früher aus dem Büro zu gehen.

Szenenwechsel: Charles hat sich auf den Abend gefreut. Charlotte war ihm aufgefallen, weil sie so anders ist als die Frauen, mit denen er sonst zu tun hat. Angenehm unverstellt. Hat nach kurzem Überlegen einfach zur Abendeinladung zugesagt – ohne sich dreimal bitten zu lassen. Er ist spät, weiß aber durch eine Kurznachricht, dass Charlotte schon dort ist. In der Kürze der Zeit hat er nur noch ein dunkles Sakko über den schwarzen Rollkragenpullover, die Uniform seiner Branche, geworfen und etwas Gel in die welligen braunen Haare gegeben. Damit hat er sein Tagesoutfit mit wenigen Handgriffen abendtauglich gemacht, denn der Rollkragenpullover allein wäre für den festlichen Rahmen der Veranstaltung „underdressed" gewesen. Gerade angekommen, blickt er sich im Raum um – und sieht buchstäblich Schwarz. Unter gefühlten 200 Leuten ist es gar nicht so einfach, jemanden zu treffen, wenn alle die gleiche Farbe tragen. Ob Charles und Charlotte sich noch gefunden haben? Sicherlich. Und es war bestimmt ein unvergesslicher Abend.

Alternativen zu Schwarz: Stilistisch hat Charlotte viel richtig gemacht. Besondere Gelegenheiten, wie beispielsweise die Kunstausstellung, verlangen nach einem Kleid. Aber muss es Schwarz sein? Unsere Geschichte belegt, dass man damit garantiert nicht auffallen wird – schon gar nicht positiv. Eine nicht zu helle, zum Farbtyp passende Farbe ist dagegen eine gute Investition. Sind Sie ein kühler Sommer- oder Wintertyp? Dann wirken ein schimmerndes Stahlgrau, Aubergine oder Weinrot in der jeweils richtigen Nuance edel. Dazu passt Schmuck in Silber, Weißgold oder Platin. Oder sind Sie ein warmer Frühlings- oder Herbsttyp? Dann sollten Sie auf Korallenrot, Terrakotta, Flaschengrün oder Cognac als Alternativen setzen. Dazu passt, je nach Typ, Goldschmuck.

Um mit einem der ältesten Vorurteile aufzuräumen: **Schwarz macht nicht schlank.** Das tut es nur dann, wenn es Ihnen steht. Sobald die Farbe aber für Sie, wie für viele Menschen in unseren Breitengraden, zu hart ist, wandert der Blick des Betrachters weg vom Gesicht auf den Körper. Und dann sieht man jedes Gramm.

Ein Etuikleid setzt die Figur nur dann ins beste Licht, wenn es nirgends zu eng, niemals zu weit und in seinen Details auf die Eigenheiten der Figur abgestimmt ist – wobei Sie selbst bestimmen, was Sie betonen wollen. Sehr wichtig ist auch, dass die Taillenabnäher auf der richtigen Höhe sitzen. Charlotte hat bewusst auf ein tailliertes Kleid geachtet, damit die sanften Kurven ihrer Silhouette gezeigt werden.

Sie wollen eine breite Schulter zeigen, um die schmale Hüfte zu betonen? Dann sind U-Boot-Ausschnitte und in die Breite gehende Ausschnitte genau richtig. Große Oberweite und kräftige Schenkel? Dann tragen Sie, sofern Haut und Gewebe samtig und ein Hingucker sind, ein tiefes Dekolleté, keinen Gürtel und ein sanft ausgestelltes Kleid, das die Schenkel nicht nachzeichnet. So werden scheinbare Schwächen zu Stärken, denn Frauen mit größerer Oberweite haben meist ein sehr schönes Dekolleté. In „Stilwissen to go" finden Sie weitere Tipps, welche Figur-Eigenheiten wie behandelt werden wollen, um Ihre Vorzüge zu betonen.

Es lohnt sich wirklich, das Kleid für eben solche Gelegenheiten mit Sorgfalt auszuwählen oder es sogar auf Maß schneidern zu lassen. Nichts ist schlimmer als beispielsweise ein unter der Brust sitzender Taillenabnäher. Wenn es aber doch das kleine Schwarze sein soll: Hände weg von Goldschmuck. Die warme Farbe des Metalls wirkt auf dem kühlen dunklen Ton billig.

Juweliere machen eine Wissenschaft daraus, einem Stein die richtige Fassung zu geben. Sorgen Sie dafür, dass Ihr Abendkleid zur richtigen Fassung für Ihre Persönlichkeit wird.

Ob Cocktailparty oder große Gala: Suchen Sie aus, was Sie an solchen Abenden tragen, als wollten Sie einen Diamanten bewerten: Colour, Clarity, Cut, Carat.

Security-Striptease im Auftrag der Sicherheit

London Heathrow Airport. Die Bodyscanner, die Menschen bei der Personenkontrolle rundum beleuchten, sind mittlerweile weit verbreitet. Viele von uns haben sich daran gewöhnt. Früher aber war es noch eine andere Sache, und manchen wird dabei auch heute noch jenes Unbehagen beschleichen, das Carla empfand – damals in London.

Zu jenem Zeitpunkt im Jahr 2011 waren die durchsichtigen Kabinen mit den vorgegebenen Fußstapfen, in denen man mit erhobenen Händen wie ein gestellter Schwerverbrecher durchleuchtet wird, eher selten und offenbar noch in der Testphase. Denn das Gerät war für alle sichtbar seitlich platziert, und die Auswahl der zu durchleuchtenden Passagiere traf keineswegs jeden, sondern schien vielmehr einem undurchsichtigen Prinzip des Verdachts zu folgen. Carla jedenfalls traf es – und mit diesem Prozedere das Gefühl von Beschämung und Übergriff auf ihre innere Würde.

Heute muss jeder hindurch, durch das Gerät und durch das Gefühl. Diese Szenen passieren täglich, national, international, in Paris, London oder Wien. Die mit Recht verstärkten Sicherheitsvorschriften stellen erhöhte Anforderungen nicht nur an die Gründlichkeit des damit betrauten Personals – sondern auch an dessen Feingefühl. Und wäre da nicht Matthew gewesen, der britische Sicherheitsbeamte, der ihr subtil das Gefühl von Verständnis und höflicher Wertschätzung vermittelte, hätte Carla als eine der ersten ungefragten Versuchspersonen noch eine Weile mit dieser Erfahrung zu kämpfen gehabt.

Solche Situationen sind Herausforderungen an unsere Toleranz und die Fähigkeit, auch die andere Seite zu sehen. Sie sind ein Apell an das gegenseitige Verständnis – und letztendlich eine Aufforderung zu durchdachter Kleiderwahl.

Ähnlich wie im Einzelhandel die Leistung der verantwortlichen Mitarbeiter und Führungskräfte nach betriebswirtschaftlichen Kennzahlen wie etwa dem Quadratmeterumsatz gemessen und bewertet wird, hat auch die Sicherheitskontrolle Vorgaben. Für subtile Höflichkeit ist in der Regel keine Zeit. Auch Carla musste sich das erst einmal vergegenwärtigen: Betriebswirtschaftliche Kontrollen haben in vielen Unternehmen die Regie übernommen, nehmen den Mitarbeitern den Handlungsspielraum – und damit auch die Motivation und die Möglichkeit, kundenorientiert zu handeln. Dieses Bewusstsein relativiert so manchen Reklamationsgedanken.

Umgekehrt dürften aber auch Männer und Frauen im Auftrag der Flugsicherheit spüren, welcher Ton angemessen ist, so wie bei Matthew, der nicht nur ein waches Auge auf seine Pflichterfüllung und die Anweisungen, sondern auch auf die menschliche Seite der Situation hatte.

Heute stellen sich die meisten Flugpassagiere nach Aufforderung freiwillig in die vorgezeichneten Fußabdrücke und ignorieren geduldig die Blicke anderer. Denn heute kommt jeder dran. Aber nicht in allen Airports existiert genug Raum für Trennwände, hinter denen jene, bei denen es gepiept hat, dezent abgetastet werden können. Schon deshalb sollte die Anweisung freundlich sein.

Die meisten Flugpassagiere sind seit 2011 mehr als einmal geflogen, kennen die Vorschriften und drehen sich auch ohne Befehl bereitwillig um. Die Situation, Gürtel, Schmuck und sämtliche Inhalte aus Jacken- und Hosentaschen unter das Auge einer Öffentlichkeit zu legen und sich unvollständig bekleidet von einer vollständig uniformierten Person betasten zu lassen, ist ohnehin schon speziell genug. Man muss einer Frau auch nicht die Brust drücken, um das Vorhandensein eines metallenen BH-Bügels festzustellen, der meistens Alarm gibt. Und Sicherheitsvorschriften berechtigen auch nicht dazu, eine Dame ihre Jacke ausziehen zu lassen, wenn sie darunter nur ein Top trägt. Das dürfen Sie als Frau selbstbewusst verneinen – es sei denn, die Jacke hat Nieten.

Der Flugpassagier seinerseits hat auch bestimmte Aufgaben: So sollte es zum Beispiel selbstverständlich sein, dass nicht Mitmenschen durchlöcherte Socken während der Durchleuchtung des Schuhwerks betrachten oder Hemden vom Vortag riechen müssen. Und auch der Genuss von Knoblauch oder überdosierte Parfums und Düfte sind keine gute Idee. Der Traveller-Ehrenkodex heißt: Respektiere Augen und Nasen Mitreisender. Zum Beispiel kann es sein, dass der Nächststehende ein viel sensibleres Geruchsorgan hat als man selbst. Und überlegen Sie sich vorher, was Sie an dem Tag anziehen.

Was gehört nun zum Stil-Check vor dem Security-Check? Zunächst einmal gehören die Dinge, auf die man im Fall eines Gepäckverlustes nicht einmal 24 Stunden verzichten könnte, am Reisetag unbedingt ins Handgepäck oder an den

Körper. (Der Tipp klingt überflüssig, immerhin vertrauen die meisten auf das ausnahmslose und fehlerfreie Eintreffen ihres Gepäcks. Nur werden die Gepäckmengen genauso wie die Anzahl von Flugpassagieren eher mehr statt weniger – und damit steigen auch die Ausnahmen von der Regel.) Dazu zählen wichtige Medikamente genauso wie der Ring der Großmutter, dessen Verlust man nicht verschmerzen würde. Aber auch die für den wichtigsten (Business-) Termin notwendige Kleidung mit passenden Accessoires. Im nächsten Kapitel lesen Sie, was Sie im „Worst Case" tun können. Einplanen sollten Sie ihn auf jeden Fall, den schlimmsten anzunehmenden Ausfall, sozusagen als Beweis Ihres strategischen Talents.

Außer dem wichtigsten Outfit ist es auch richtig, Kleidungsstücke zu wählen, deren Handhabung einfach und wenig zeitraubend ist. Schnürstiefeletten mit unendlich vielen Ösen und ohne Reißverschluss beispielsweise könnten fast provozierend wirken, wenn der Schuh in die Einzelkontrolle gehört – und hinter Ihnen ungeduldige Fluggäste warten, denen nur noch wenig Zeit bis zum Boarding bleibt. Entbehrliche modische Raffinessen und Röcke oder Hosen, die ohne Gürtel nicht halten würden, dürfen also am Reisetag ruhig Pause machen.

Außerdem lohnt sich ein Blick in die Laptop- oder Handtasche, die einen gewohnheitsmäßig begleitet: Wer hat nicht schon einmal versehentlich ein Arbeitsmittel dabei gehabt, das die Richtlinien sprengte? Ich gestehe, dass es bei mir eine riesige, messerscharfe Stoffschere war, die ich wie immer in der Aktentasche bei mir trug – denn Stoff und ihn zu zerschneiden gehörte zu meinem Geschäft. Ein paar Gedanken mehr in der Vorbereitung machen die Mobilität des Flugverkehrs ebenso leichter wie der vorausschauende Blick auf andere Mitreisende.

Der Security-Check am Flughafen kann Geschichten erzählen, manchmal auch schöne: Unvergessen zum Beispiel die Szene, als ein gepflegter Gentleman einer Geschäftsreisenden am Ende der Kontrolle formvollendet in den Mantel half. Das war der Inbegriff von Stil.

Stilkatastrophen – Vorbereitet auf den Worst Case

Gemeint sind hier nicht etwa herabwürdigende Kommentare zu einzelnen Outfits berühmter Persönlichkeiten, sondern die kleinen und großen Stilkatastrophen, die uns sozusagen unterwegs in einer mobilen, reiselustigen Welt widerfahren:

Ihr Koffer landet in Nizza – Sie aber in Paris zu einem viertägigen Kongress? Merde! Alles am Abend zuvor herausgelegt – und in der Dunkelheit das perfekte, maßgeschneiderte, dunkelblaue Kostüm für die Moderation in Berlin mit dem alten schwarzen Ensemble von vor fünf Jahren, von dem man sich doch nicht trennen konnte, verwechselt? Das kann doch nicht wahr sein. Alles gepackt, eilig zur Messe in Frankfurt losgefahren – und den Kleidersack vergessen, was Ihnen natürlich erst nach 350 Kilometern Autostrecke einfällt? Das Chaos ist perfekt.

Diese und andere Dinge passieren, weil wir auch nur Menschen sind und keine Maschinen. Die Frage nach dem „Warum" bringt uns nicht weiter, ebensowenig wie die hektische Suche nach neuer, für den Anlass passender Kleidung, Schminkutensilien, Schuhen und Arbeitsunterlagen, denn auch die bleiben manchmal liegen. Die vergessene Zahnbürste ist gar nichts dagegen. Solche Momente sind Herausforderungen an unser Selbstbewusstsein, unsere Kreativität und unseren Charme. Beleuchten wir die Katastrophen genauer:

Koffer vermisst: Im Idealfall können Sie davon ausgehen, dass dieser innerhalb von 24 Stunden an Ihre eingecheckte Destination nachgesendet wird. Das geschieht unabhängig davon, ob Sie vor lauter Aufregung den Lost-Baggage-Mitarbeiter anbrüllen: „Wissen Sie eigentlich, mit wem Sie es zu tun haben?" Es gilt also nur diesen einen Tag zu überbrücken. Da allerdings alle flüssigen Utensilien, Cremes und Rasierschaum ebenfalls im Koffer waren, müssen Sie einen Weg finden, Ihr Gesicht am nächsten Tag zu wahren. Für ein Notfall-Make-up könnte die dem Hotel nahegelegene Parfumerie perfekt sein, denn wer sagt, dass Sie um 9 Uhr schon auf dem Kongress sein müssen? Und diese versorgt Sie am Tag vorher netterweise auch mit noch ein paar Produktproben.

Für die Notrasur ist der im Handgepäck vorsorglich verstaute Einwegrasierer mit der Hotelseife gut, solange er nicht beim Security-Check am Flughafen eingezogen wird. Die gut gelüftete Kleidung und die über Nacht durchgewaschene Unterwäsche – vielleicht kann Ihr Hotel Bluse oder Hemd über Nacht expressreinigen – bringen Sie irgendwie über den ersten Tag, bis ihr Koffer angekommen ist. Für den Flug haben Sie, weil Sie Ihre wichtigsten Gespräche ohnehin am ersten Reisetag terminiert haben, sicherlich auch Ihren besseren Businessanzug angezogen, den Sie für das informelle Businessdinner am Abend „downgraden" können, indem Sie die Krawatte ausziehen oder als Frau die Bluse durch ein Shirt unter dem Blazer ersetzen. Ein Shirt passt nämlich gut ins Handgepäck und ist im Security-Check unauffällig.

Damit Ihr nachreisender Koffer Sie auch sicher erreicht, empfehlen Flughafenmitarbeiter des Baggage Control Centers, unabhängig vom Hang-Tag mit Ihrer Adresse, der außen am Koffer hängt und leicht abreißen kann, einen gut sichtbaren Zettel mit Ihrer Heim- und Zieladresse und den Aufenthaltsdaten als oberstes in den Koffer zu legen. Für den Fall, dass Ihr Gepäck zwecks Identifizierung geöffnet wird – denn außer all Ihren Daten haben Sie bei der Verlustmeldung auch prägnante Kofferinhalte beschrieben –, sollten Sie so gepackt haben, dass es Ihnen nicht peinlich ist. **Moderatorenkostüm verwechselt:** Hier können Sie mit dem Kameramann reden und ihn bitten, nur Großaufnahmen von Ihrem Gesicht zu machen – oder Sie können sich etwas leihen. Die meisten Studios haben einen Fundus.

Im dritten Fall, alles dabei außer Klamotten, ist die beste Strategie die Charmeoffensive. Natürlich haben Sie auch die Möglichkeit, sich nach dem ultimativen Survival-Kleidungsstück für Ihr Handgepäck umzuschauen. Ein faltbares Herrensakko ohne Gewicht? Gibt es leider nicht. Ebensowenig ein angezogenes Kleid für jede Gelegenheit von Businessmeeting bis Candlelight Dinner. Bis diese Traumoutfits entworfen sind, hilft eigentlich nur eines: Attitude – egal ob Sie das Wort englisch oder französisch aussprechen. Mit der richtigen inneren Haltung, Sympathie für die Menschen, die man trifft, und mit genügend Humor – wann hat man schon mal die Chance? –, können Sie immer noch Geschäfte machen, überzeugen und als Persönlichkeit wahrgenommen werden, wenn Sie durch unvorhergesehene Stilkatastrophen etwa im Autofahrer-Dress auf Ihre Gesprächspartner treffen. Es ist für Sie und die anderen garantiert ein besonderes Meeting, an das sich beide noch später erinnern werden, denn Missgeschicke machen sympathisch. Und vielleicht ist es ja auch der Beginn einer wunderbaren (Geschäfts-)Freundschaft...

Blickwinkel – Darf eine Frau zweimal nacheinander das Gleiche anziehen?

Unsere Wahrnehmung, aber auch die unserer Mitmenschen, kann sehr unterschiedlich sein. Sie variiert nicht nur mit dem Betrachter, sondern auch mit dem Objekt der Betrachtung. Nehmen wir einmal an, ein Betrachter hat an mehreren aufeinanderfolgenden Tagen – beispielsweise bei einem Kongress – Kontakt mit einem männlichen Geschäftspartner, der im gut sitzenden anthrazitfarbenen Anzug in erstklassiger Verarbeitung erscheint. Dazu wechselnde Hemden, geschmackvolle Krawatten und Manschettenknöpfe. Aller Wahrscheinlichkeit nach wird der Betrachter oder die Betrachterin in seinem oder ihrem Gedächtnis „gut gekleidet" und „hochwertig" abspeichern. Ob es immer derselbe Anzug ist? Das spielt für die Datenbank im Gehirn keine Rolle.

Nehmen wir nun aber an, der Geschäftspartner ist eine Frau, die an mehreren aufeinanderfolgenden Tagen im gut sitzenden, meist schwarzen Anzug in erstklassiger Verarbeitung erscheint. Dazu wechselnde Blusen und geschmackvolle Accessoires. Selbst wenn die Dame mehrere schwarze Anzüge besitzt, wird der Betrachter oder die Betrachterin in seinem oder ihrem Gedächtnis „Die Frau hat offenbar nur einen einzigen Anzug" abspeichern. Es geht dummerweise nicht darum, wer betrachtet, sondern wer betrachtet wird. Unsere Gesellschaft hat nämlich ihre eigene Perspektive, und die sollte man sich klarmachen: Männer und Frauen werden unterschiedlich „gescannt". Das Gleiche gilt übrigens für zwei aufeinanderfolgende Events im selben Kontaktumfeld – auch wenn sie längere Zeit auseinander liegen. Beim jährlichen Presseball zum Beispiel zweimal hintereinander dasselbe Abendkleid zu tragen, wird nicht nur bei weiblichen Prominenten kritisch bemerkt, was manchen Magazinen im besten Fall ein Foto mit spitzer Bemerkung, im schlimmsten Fall einen eigenen Artikel wert ist – während Mann ungeschoren Jahr für Jahr denselben Smoking und das identische Hemd tragen kann. Was sich also gut gekleidete Herren erlauben dürfen, gilt für gut gekleidete Damen noch lange nicht.

Besonders gefährlich sind daher auch auffallende Muster und schreiende Farben. Sie bleiben besonders gut im Gedächtnis und werden bei einer Wiederholungstat sofort entlarvt. Das kann aber kein Aufruf zu langweiligen Farben und Mustern sein. Die Frage muss also lauten: Was kann Frau tun, um nicht in den Verdacht der Kleiderarmut oder der Einfallslosigkeit zu kommen? Ein Anfang wäre es sicherlich, den nächsten schwarzen Anzug, der ausrangiert werden muss, durch einen andersfarbigen, genauso gut sitzenden zu ersetzen. Die meisten Businessfrauen besitzen nämlich reichlich schwarze Anzüge. Eine andere Farbe erhalten Sie oft nicht im Handel? Dann fragen Sie danach. Denn ohne Ihre Kundenstimme wird sich nichts ändern.

Händler und Designer machen es sich einfach: Warum sollten sie sich die Mühe machen, schicke, businesstaugliche Farben einzusetzen, wenn Sie als Endkundin klaglos immer wieder Schwarz kaufen? „Läuft doch – warum sollten wir etwas ändern?", werden die sich fragen. Die Crux ist nur, dass es nicht deren Image ist, das ruiniert wird, sondern Ihres, liebe Leserin. Denn ob Karrierefrau oder nicht: Es gibt garantiert noch mehr Farben, in denen Sie seriös und glaubwürdig aussehen. Und gegen laute Muster lässt sich ja auch etwas machen... Eine Erscheinung wird nämlich nicht nur durch Farbe und Muster belebt, sondern auch durch einen spannenden Mix aus Hell-Dunkel-Kontrasten. Innerhalb eines Neutralfarbenspektrums – beispielsweise von Schwarz über alle Graunuancen bis Weiß – lässt sich viel kombinieren, ohne dass Frau ein einziges Muster oder eine Farbe verwenden muss. Schattierung heißt das Stichwort, das auch schöne Alternativen zu der beliebten Kombination der schwarzen Hose mit der farbigen Jacke liefert.

Je Blazer desto Chef – Symbole der Macht

Sind Sie fällig für die nächste Beförderung, reif für eine berufliche Veränderung oder Anwärter/-in für die Top-Etage? Dann wird es höchste Zeit, dass Sie auch so aussehen. So wie edle Geschenke eine entsprechende Verpackung brauchen, verlangt die erste Liga des professionellen Wirkens nach der richtigen Kleidung. Mit dem schwarzen Anzug, von dem Sie mindestens fünf im Schrank haben, kommen Sie nämlich nicht mehr weit. „Richtig" bedeutet in dem Zusammenhang, dass alles, was Sie tragen, Klasse ausstrahlen, Sie als Persönlichkeit in Szene setzen und vor einer imaginären Kamera bestehen lassen sollte. Ihr schwarzer Anzug ist dafür einfach zu ausdruckslos. Woran also erkennt man sie, die Alphatiere im Business? Am Dienstwagen?

Das wäre zu einfach – zumal die neue Generation mehr über Work-Life-Balance nachdenkt und von Statussymbolen weniger zu beeindrucken ist. Auch ein großes Büro mit schwerledernen Sesseln, Vorzimmerdame oder -herr, Blick auf die Metropole aus der x-ten Etage oder der gute Ruf, der Ihnen vorauseilt, helfen Ihnen wenig, wenn Sie vor dem kritischen Publikum der Neuzeit bestehen wollen. Die Haute Couture des Geschäftslebens erkennt man an der Qualität der Erscheinung. Sie fängt bei den Verarbeitungsdetails an und hört bei einer angenehmen Stimme sowie einer gebildeten, charmanten (Französisch: Anmut, Reiz, Flair) Persönlichkeit auf. Dazwischen liegen noch: Exzellente Passform, ein Körper, der nicht vernachlässigt wird, geschmackvolle Stoffe, moderne Schnittdetails, stilsichere Accessoires, eine dem Business angemessene und typgerechte Farbwahl und ein Stil, der – je nach Branche – formell genug ist.

Viele Frauen, die von der Qualifikation her längst für CEO-Posten geeignet sind, machen sich aber optisch zu Sekretärinnen, weil sie die männlichen Insignien der Macht wahlweise der Mode oder ihrer geschäftigen Unlust auf Stilfragen opfern. Während die eine also absolut trendy wie Anne Hathaway im Kinoerfolg „Der Teufel trägt Prada" (USA 2006) in Bleistiftrock, High Heels, Strick und Perlenkette im Büro erscheint, orientiert sich die andere eher an männlichen Vorbildern und interessiert sich vorsichtshalber gar nicht für weibliche Äußerlichkeiten. Dafür hat sie nun wirklich keine Zeit…

In ihrem Buch „Der feminine Stil – Businessmode für Frauen" schreibt Silke Frink im Kapitel über Alter und Aussehen: „Karrierefrauen vergessen ... oft, dass sie eine Frau sind. In ihren schönsten Lebensjahren sind sie bienenfleißig. Studium, Berufserfahrung und späte Mutterschaft haben Priorität, denen ordnen sie ihr Aussehen unter, bis es ihnen manchmal ganz abhanden kommt." Das Gespräch mit Frauen, die beruflich viel erreicht haben, zeigt, wie traurig wahr diese Aussage ist.

Zurück zu unserem Stil-Movie: Die modeverliebte Figur der Anne Hathaway war Assistentin – und nicht Chefin. Die nämlich, eine herrlich ironische Meryl Streep, trug im Film eher Maßkostüme und eine stets perfekte, elegante Frisur. Deren Vorbild im wahren Leben, American Vogue-Chefin Anna Wintour, lebt diesen Stil tatsächlich – und ist damit zu einer eigenen Marke und gleichzeitig zu einem Vorbild in Sachen Karriere geworden.

Für den Typ „es zählen doch die inneren Werte" ist die Erkenntnis wichtig, dass es hier um Sympathie oder Antipathie geht – in wenigen Sekunden. Zu wenig für die inneren Werte... Sie würden ja auch nicht in Jeans und T-Shirt zu einem wichtigen Bewerbungsgespräch oder Meeting gehen. „Du sollst Deine Zuschauer nicht langweilen", sagte einst ein berühmter Hollywood-Regisseur. Das sollten diese Karrierefrauen verinnerlichen, bevor ihr Aussehen wirklich abhanden kommt.

Je Blazer desto Chef: So simpel kann eine Formel für die Top-Etage lauten. Wenn Sie also nicht gerade einen Tag im Büro ohne Außentermine haben, gehört ein schicker Blazer einfach dazu – für mehr Akzeptanz und nicht zuletzt für Ihr eigenes Selbstbewusstsein. In Sakko oder Blazer bewegt man sich einfach anders als im Strickjäckchen. Der Blazer darf bequem, weil aus elastischem Gewebe, sein, Dreiviertelärmel haben oder ein ungewöhnliches, modisches Material – er sollte aber der Schulter Linie geben, möglichst einen (Revers-)Kragen haben und durch Knöpfe – Achtung Qualität! – Riegel oder Reißverschluss, was allerdings sehr sportlich wirkt, schließbar sein. Das macht ihn zum Blazer, der ursprünglich eine Clubjacke der Herrenkonfektion war. Der Ausstieg aus der „klon-gleichen" Businessuniformierung geschieht also zunächst nicht, indem Frau den Blazer – der „angezogen" wirkt und ihr Präsenz gibt – weglässt, sondern indem sie ihn und auch die anderen Kleidungsstücke ihres Outfits neu definiert, schick und typgerecht auswählt. „Dressed": Ja bitte. „Uniformiert": Nein danke.

Es lohnt sich, ein paar schicke Einzelstücke zu besitzen, die nicht Teil eines Kostüms oder Anzugs sind. Die tragen Sie dann auch mal mit dunkler Jeans und Stiefeln.

Wer in Top-Etagen ankommen möchte, sollte sich also genug Zeit für die Inszenierung der eigenen Person nehmen. Einen Promi-Look aus einem Magazin nachzustylen kostet wenig Zeit – das allein sollte Sie schon misstrauisch machen. In Ihrer Karriere geht es um Stil, nicht um Mode.

Neben den klassischen Statussymbolen wie Auto, Füller, Büro und natürlich unserem Blazer funktionieren auch diese Formeln erfolgreicher Kleidung:

- Die Erscheinung strahlt Wohlbefinden aus.
- Die Kleidung wirkt sorgfältig und selbstverständlich.
- Sachlichkeit erreichen Sie durch circa 70 Prozent Neutralfarben.
- Die Passform entspricht dem Bewegungsmuster.
- Stoffe und Muster passen zur Körperlinie.
- Die Frisur ist perfekt – entspannt, aber nicht zufällig.
- Die Trägerin entwickelt ein Markenzeichen.
- Details sind edel und nie protzig.
- Ein Bruch ist erlaubt – Perfektion ist langweilig.

Das ist der Stoff, aus dem Chefinnen gewebt sind.

Angewandt könnte das Bild einer Karrierefrau wie in der folgenden Geschichte entstehen: Helen hat von ihren Auslandsaufenthalten viel mitgebracht – neben der beruflichen Erfahrung auch einen instinktsicheren Umgang mit Kleidung. Für die heutige Aktionärsversammlung ist es wichtig, einerseits seriös und selbstsicher aufzutreten, andererseits will sie als Frau im Vorstand auch optisch ein Zeichen setzen. Sie trägt nicht, wie so viele Kolleginnen in Führungspositionen, eine schwarze Hose mit farbigem Blazer, sondern hat sich für eine elegante, fließende Marlenehose mit farblich genau darauf abgestimmter Bluse, die einen großzügigen Kragen hat, in einem dunklen Weinrot entschieden. Der Stoff der Hose hat feine graue Streifen und der ebenfalls silbergraue Blazer dazu ist kurz, schmal tailliert, kragenlos und tief geschlossen. Ihre ganze Silhouette wirkt kraftvoll und beweglich, nicht zuletzt wegen der fließenden Stoffe. Sie betonen dezent ihre weiblich geschwungene Körperlinie. Das weite Hosenbein ist gleichzeitig bequem und für verschiedene Schuhe geeignet, denn es verspricht ein langer Tag zu werden. Hier hilft ein alter Verkäuferinnentrick: Wer öfter am Tag die Schuhe wechselt, ist abends fitter, weil das Bein weniger ermüdet.

Das mittelblonde, kinnlange und exakt geschnittene Haar trägt sie schmal am Kopf, dazu einen „Choker", eine halsenge Kette aus grauen Perlen, keine Ohrringe, denn sie hat keine Ohrlöcher, und eine randlose Brille, die eigentlich keine Sichtkorrektur ist, ihrem Businesslook aber einen Hauch Strenge verleiht. Für engen Halsschmuck, der den langen Hals zeigt, ist Helen übrigens mittlerweile bekannt ... Am Handgelenk trägt sie eine schlichte, klassische Markenuhr, die unter den hochgeschlagenen Blusenmanschetten unlaut sichtbar wird.

In Sitzungen liebt sie es, ihr altes Leder-Schreibetui aus dem Studium zu benutzen, das – hochwertig, aber mit sichtbaren Gebrauchsspuren – einen spannenden Kontrast zu ihrer edlen Erscheinung bildet ... Ein überraschendes Detail, das ihre Geschäftspartner immer wieder aufmerksam macht. Dass Helen den Tag mit Bravour meistern wird, ist klar: Sie hat bei der Wahl ihrer Kleidung in erster Linie auch ihrem Wohlbefinden Rechnung getragen, was eine wichtige Basis für überzeugende Verhandlungen ist. Weinrot als flächigste Farbe in ihrer Erscheinung ist zwar keine Neutral-, sondern eine Basisfarbe, das Rot sichert ihr aber eine optische Aufmerksamkeit, die Grau allein einfach nicht bieten kann. Als gedämpfter Ton ist es allerdings auch nicht so aggressiv wie ein lebendiges Rot. Es versteht sich von selbst, dass Weinrot zu Helens Farben gehört, die ihr hervorragend stehen. Die durchgehende Strecke der Farbe gibt ihrer Erscheinung Höhe und Bedeutung – anders als Colour Blocking, welches die Figur unterteilt und kleiner macht. Und der sachliche, wohldosierte Einsatz von Schmuck lenkt den Blick des Publikums auf das Gesicht und betont, was wichtig ist: die Aussage.

USP – Authentisch und smart als Firma

Innovativ. Modern. Zeitgemäß. Flexibel. Verlässlich. Nachhaltig. Verantwortungsvoll. – Viel gelesene Lieblingsworte in so mancher Firmenpräsentation. Schade nur, dass diese Versprechen an der Basis der gleichen Unternehmen oft nicht ankommen und es auch sonst mit der Wertschätzung des größten Schatzes „Mitarbeiter" nicht so weit her zu sein scheint. Ein Unternehmen, das als authentisch wahrgenommen werden möchte, sollte aber das Versprechen an seine Kunden und das im Daily Business gelebte Corporate Image besser in Einklang bringen als diese Beispiele:

Tatort Theater oder Museum: *Höchste Kunst wird gezeigt. Die Kosten der Inszenierung oder die Sammlung der Exponate sum-*

mieren sich in Millionenhöhe – nur für schicke Kleidung der Türsteher hat es nicht gereicht, geschweige denn für gutsitzende. Soviel zur Ausstrahlung des kulturellen Wirkens.

Solche Unterlassungsgesten – denn billige oder ungepflegte Mitarbeiterkleidung ist nichts anderes – vermitteln, dass die Kosten für die Einkleidung des Personals gescheut wurden. Der Mitarbeiter war es nicht wert – und der Kunde oder Besucher, der diesen optischen Eindruck im Gedächtnis behält und als Kontrast zur Wertigkeit einer Ausstellung empfindet, offenbar auch nicht. Wertvolles will aber verpackt werden – wie ein Geschenk. Denn die Verpackung wertet auf. Stilvolle Firmenkleidung ist daher wie das Papier um die Werte eines Unternehmens.

Tatort Airport: *Die Stewardess geht auf dem Nachhauseweg noch Lebensmittel einkaufen und behandelt die Supermarktkassiererin von oben herab und geringschätzend. Vielleicht ist sie zu müde für ein Lächeln – da sie aber noch Uniform trägt, schadet sie auch dem Image ihrer Firma. Denn die Kassiererin entscheidet sich im gleichen Moment, ihren Sommerurlaub bei einer anderen Airline zu buchen.*

Es ist wichtig zu erkennen, dass Mitarbeiter in Uniform *immer*, auch in ihren Pausen, mit der Markenbotschaft in Verbindung gebracht werden, unabhängig davon, ob sie gerade im Dienst sind oder nicht. Die Signalkraft von Firmenkleidung macht sie zudem von Weitem sichtbar. Auch Mitarbeitern sollte klar werden, dass mit dem Tragen einer Uniform Verantwortung verbunden ist. Das Firmenimage darf nicht durch schlechtes Verhalten eines einzelnen geschädigt werden – ob es sich nun um einen eiligen Fahrer handelt, der im beschrifteten Firmenauto auf der Autobahn andere Verkehrsteilnehmer schneidet oder mit Lichthupe bedrängt, oder eben die erwähnte Flugbegleiterin.

Viele Unternehmen unterschätzen den bleibenden Eindruck, den der persönliche Mitarbeiterkontakt bei ihren aktuellen und potenziellen Kunden macht. Diese erinnern sich nämlich nur selten an die neueste Werbung, sondern viel mehr an ihre persönlichen Erfahrungen im Kontakt mit der Firma oder der Marke – das heißt an das letzte Gespräch mit einem Mitarbeiter. War er freundlich, verbindlich und kompetent? War er gepflegt angezogen? War der Claim, die Werbebotschaft, in diesem persönlichen Kontakt sichtbar, spürbar und glaubwürdig?

Eine Firma, deren Kernbotschaft „Wir sind innovativ" lautet, sollte ihre Vertriebsmannschaft zum Beispiel nicht gerade in dunkelgrauen Anzügen zum Kunden schicken – denn die sind nicht innovativ –, sondern ihnen durch Training und Beratung die Möglichkeit eröffnen, individuell gut gekleidet zum Kunden zu gehen und so einen noch persönlicheren Kontakt zu ihm entstehen zu lassen. Zusätzlich ließe sich im Team eine Kleiderempfehlung erarbeiten, in welchem Dresscode welche Kundengruppe besucht wird. So haben auch neue Vertriebsmitarbeiter vom ersten Tag an Sicherheit und Souveränität im Auftritt.

Für eine Firma, die „Uniform" trägt, bedeutet eine Kleiderordnung, anhand von Bildmaterial und schriftlichen Erläuterungen zu definieren, wie die zur Verfügung gestellte Kleidung zu tragen ist, damit sie einheitlich – und einheitlich gepflegt aussieht. Westen sollten beispielsweise im Service immer geschlossen, nie offen getragen werden. Und auch die Rocklängen der Damen, zum Beispiel kniebedeckend oder knapp oberhalb des Knies, darf nicht dem Zufall überlassen werden – sonst trägt eine Mitarbeiterin in Berlin ihren Rock vielleicht in Mini-Länge, eine andere in München in Knielänge. Reisenden Kunden fällt so etwas auf.

Auch für das dem firmeneigenen Image entsprechende gute Benehmen gilt es, einheitliche Standards zu definieren und den Anspruch generell zu thematisieren. Denn zu viele Unternehmen überlassen auch ihr „Corporate Behaviour" noch immer dem Zufall. Gezieltes Training und Coaching sowie dazu passende Folgemaßnahmen, die im Sinne der Vorbildfunktion von Führungskräften auch in dieser Ebene beginnen sollten, verbessern die gelebte interne Kultur signifikant und wirken sich positiv auf die Ausstrahlung des Unternehmens aus.

Corporate Image entsteht also, wenn Mitarbeiter auf Kunden treffen: Erst wenn der persönliche Kontakt hält, was die Werbung verspricht, ist die Marke nachhaltig glaubwürdig. Der Kunde der Zukunft ist anspruchsvoller denn je: Einen unehrlichen Approach (englisch: Annäherung, Einstellung) straft er mit Bewertung ab, selbstverständlich online, nachzulesen für die ganze Welt. Nicht umsonst titelt Trendforscher Professor Peter Wippermann, Gründer des Trendbüros Hamburg, zum Thema Kult des Sozialen: „Vertrauen wird zum zentralen Wert in der neuen Social Economy". Sympathische, gut gelaunte, höfliche und auch gut gekleidete Mitarbeiter werden somit zur lebendigen Werbung an exakt der richtigen Stelle – an der Zielgruppe. Und Glaubwürdigkeit wird zum entscheidenden USP.

Jeans on! – Das blaue Wunder

Wissen Sie, woher der Begriff Denim kommt? Was heute eine gängige Handelsbezeichnung für ein Kleidungsstück ist, das seine einmalige Karriere als Arbeitslatzhose Mitte des 19. Jahrhunderts in den USA begann, hat seinen Ursprung tatsächlich in Frankreich. Die zur Blaufärbung benötigten Indigofarbstoffe und die kräftigen Baumwollstoffe wurden über die Stadt *Nimes* gehandelt, weshalb man die daher kommenden Gewebe kurzerhand *De-Nimes* taufte. Genauso kommt unsere gute alte Bluejeans als *Bleu de Genes* – Blau aus Genua – daher.

Die Jeans, ein Mitbringsel US-amerikanischer Soldaten nach dem Zweiten Weltkrieg, begann ihren Siegeszug in Deutschland als Protestgewand Jugendlicher in der Wirtschaftswunderzeit. James Dean und Elvis Presley machten die Ware zum Kult. Heftige gesellschaftliche Diskussionen darüber, ob sie „ziemlich" und überhaupt für die Schule geeignet sei, konnten nicht aufhalten, was junge Menschen von da an bis in die 70er-Jahre hinein wollten: Denim goes lifestyle.

Seither hat die Jeans Generationen von Pop-Artisten, Hippies und Hip-Hoppern gekleidet. Längst sind Jeans zur Schuluniform avanciert – weil die Jugendlichen von damals Lehrer und Vorbild von heute geworden sind. Und auch im gesellschaftlichen Alltag hält die Jeans Einzug. Manche Menschen tragen nur noch Jeans – und wissen bald nicht mehr, wie man sich in einer Tuchhose, also einer Hose aus Stoff, bewegt. Das derbere Gewebe der Jeans erlaubt zum Beispiel, sich auch auf raue Flächen zu setzen und sich um Stoffabnutzung generell keine weiteren Gedanken zu machen, was eine Stoffhose nicht überstehen würde.

Zum Glück ziehen wir Jeans heute nicht mehr mit der Zange an und müssen sie auch nicht mehr in der Badewanne in Form bringen. So hat das blaue Wunder anscheinend die letzte Hürde genommen: Denim ist salonfähig geworden. Aber stimmt das wirklich?

Jeans können ein Businessoutfit lässig machen – aber nur, wenn Firma, Terminlage, Kunde und Chef es erlauben. Ganz wichtig: Jeanshosen müssen qualitativ hochwertig sein und erstklassig sitzen. Schauen Sie sich beim Kauf daher *immer* auch von hinten an. Und vermeiden Sie zu auffällige Steppungen, Krönchen oder sonstiges an den Stellen und auf der Körperhöhe, die Sie nicht so stark betonen möchten. Das gilt für alle, unabhängig von Alter und Geschlecht.

Eine Jeans ganz ohne Potaschen macht das Gesäß optisch breit, während flache Taschen in mittlerer Größe in Handbreite und mit dezenter Absteppung die Fläche aufteilen und dadurch kleiner wirken lassen. Aufwendige Taschen, die mit Knöpfen geschlossen werden, zaubern aus einem flachen Gesäß mehr. Außerdem: Enge Kleidung lässt voller wirken, lässige schmaler – das gilt auch oder gerade für Hosen. Je stärker die Waschung (der Used-Look) ist, desto stärker wird eine Orientierung an der Generation unter Zwanzig demonstriert, was an klassischen Persönlichkeiten oder in klassischen Businessberufen übertrieben wirken kann. Bluejeans sind immer legerer als farbige Jeans, die man Ton in Ton zum Businessoutfit kombiniert.

Wenn Sie Jeans in Ihre Businessgarderobe integrieren wollen, seien Sie sparsam damit – tragen Sie Jeans nie von Kopf bis Fuß und vermeiden Sie grundsätzlich, verschiedene Jeansstoffe miteinander zu kombinieren. Nutzen Sie aber auch die wunderbare Möglichkeit, Ihre Garderobe durch einzelne Jeansteile jünger wirken zu lassen: Eine Jeansjacke zum Sommerkleid, eine dunkle Jeanshose zum Businesssakko oder ein gut sitzender knielanger Jeansrock mit Bluse, Gürtel und Perlenkette wirken stylish und nicht peinlich.

Accessoires mit Stil

Taschen –
Zwischen Kultobjekt und Kompetenzköfferchen

In den 80er-Jahren belächelte man die damals meist männlichen Mitmenschen, die ihre Aktenkoffer auf dem Weg zur Arbeit demonstrativ vor sich herschoben, als würde der Koffer sie zur Arbeit ziehen, und nannte die Taschen belustigt „Kompetenzköfferchen". Seither hat sich im Design viel getan. Die Suche nach einer weiblichen und gleichzeitig praktischen Aktentasche für Frauen ist aber auch heute nicht immer zufriedenstellend, da ihre Form funktionsbezogen zwangsläufig recht maskulin ist. Ganz anders im Handtaschensegment, das uns zwar mit der Breite der Sortimente fast überfordert, für jeden Typ aber etwas bietet.

Und während die Aktentasche in ihrer Form immer der Funktion folgt, um von Laptop bis zu Unterlagen im DIN-A4-Format alles unterzubringen („Form follows function"), ist es bei der Damenhandtasche oft umgekehrt: Das Einsatzgebiet vom tragbaren Büro bis hin zur Abendtasche ergibt sich aus der Form. „Function follows form."

Das Kultobjekt, das seine Ursprünge als kleiner, am Gürtel getragener reich verzierter Almosenbeutel, also als Geldbeutel, begann – große Schultertaschen oder Beutel zeugten damals im 15. Jahrhundert von bäuerlicher Arbeit – ist heute aus der Damenmode nicht mehr wegzudenken. Was bis dahin von Männern und Frauen getragen wurde, erhielt seine geschlechtsbezogene Verwendung für Frauen, als im 17. Jahrhundert erstmalig die Tasche von der Kleidung getrennt wurde. Seitdem ist die Handtasche mit der gesellschaftlichen Rolle der Frau eng verbunden, wie in Anna Johnsons Buch „Handbags – Handtaschen" zu lesen ist. Und seither stehen Frauen regelmäßig vor der Herausforderung, die passende Tasche zum Outfit und zur Füllmenge zu finden:

Was gehört hinein? Spätestens seit dem 11. September 2001 ist der Inhalt von Handtaschen wegen der zu Recht verschärften Sicherheitskontrollen im Flugverkehr längst kein „Geheimnis" mehr – und so dürfen wir auch über ihren Inhalt sprechen. Denn hohe Gewichte, stets auf der einen Schulter getragen, können die Körperhaltung stören und bei langen Stadtbummeln zu Schulterverspannungen führen. Natürlich bleibt es Ihnen selbst überlassen, was genau Sie bei sich tragen wollen, um für alle Situationen gerüstet zu sein. Es lohnt sich aber durchaus, das liebe Stück gelegentlich zu entrümpeln und vor Streifzügen durch belebte Innenstädte, in denen Handtaschendiebstähle zur Tagesordnung gehören, weitgehend auszuräumen.

Die Giro- oder Kreditkarte sowie Auto- und Wohnungsschlüssel passen bei dieser Gelegenheit auch in eine körpernahe Hosentasche.

Ein Tipp: Es beruhigt, eine Liste der Dinge zu erstellen, die sich niemand stehlen lassen möchte, und die Notfallnummern zu notieren. In der Aufregung ist man dankbar, wenn man diese Liste nur noch abtelefonieren muss, um Karten und Konten zu sperren. Diese Liste gehört in Ihren Reisekoffer, Ihr Auto und Ihr Büro – jedenfalls getrennt von Ihrer Handtasche.

Außer Zahlungsmitteln, Ausweis, Schlüssel und Smartphone möchte eine Businessfrau vielleicht noch diese wichtigen Utensilien bei sich tragen:

- Zwei Visitenkartenetuis, eines für eigene – eines für empfangene Business Cards.
- Persönlich Notwendiges zum Auffrischen des Make-ups, was je nach Typ mehr oder weniger sein kann, mindestens aber Puder gegen eine Glanznase und eine glänzende Stirn, damit Sie nicht abgehetzt wirken, und ein Lipgloss, das trockene Lippen optisch jünger macht.
- Zahnseide, Zahnpasta und eine Reisezahnbürste, um auch nach einem Businesslunch offen lächeln zu können und sich wohlzufühlen.
- Nur an bestimmten Tagen Hygieneartikel und Schmerztabletten oder homöopathische Mittel.
- Pflaster (sie wiegen nichts).
- Stift und Notizbuch für Ideen.
- Ersatzstrümpfe / Ersatzstrumpfhosen.
- Brille / Sonnenbrille.

Alles andere lässt sich im Büro, im Auto oder an anderen Orten aufbewahren oder virtuell regeln. Oder müssen Sie Ihre Hände unbedingt unterwegs eincremen? Ein Schal lässt sich im Auto platzieren, und in die höheren Schuhe für den Abend werden Sie auch nicht auf der Straße wechseln wollen.

Selbstverständlicher Begleiter: Die Handtasche ist ein persönliches stilistisches Accessoire, dass die Erscheinung auf- oder abwerten kann. Bruce Darnell titelt „Die Handtasche muss lebendig sein", wenn er vorführt, wie sehr sie zum Teil der Bewegung einer Frau wird, und über Klasse und Eleganz entscheidet. Eine zum Typ passende Handtasche wird zum selbstverständlichen Begleiter und führt kein Eigenleben, sie verbindet sich mit der Trägerin. Das kann ein divenhafter Auftritt sein, den Grace Kelly, nach der die KellyBag auch benannt ist, wie keine andere beherrschte, oder ein lässiges Etwas, das wie ein weiteres Kleidungsstück wirkt. Denken Sie daran, dass eine Handtasche auch ein Eyecatcher ist, der mit mindestens einem Punkt bewertet wird – mehr dazu im Kapitel über Schmuck.

Aus dieser Betrachtungsweise ergibt sich auch, dass Handtasche und Aktentasche meist nicht *ein* Stück sind, sondern zwei getrennte Begleiter, von denen der erste Teil der Erscheinung dient, der zweite ein – vielleicht rollbares – Handgepäck für Arbeitsmaterial, Akten und elektronische Helfer ist. Die Handtasche tragen Sie also für sich – die Akten-/PC-Tasche für Ihr Business.

Frauen, die beides als „Two-in-one"-Tasche tragen möchten, sollten besondere Ansprüche an ein edles, robustes Leder und den Komfort der Trageriemen stellen – und gleichzeitig besonderen Wert darauf legen, dass ihre Kombitasche auch zu ihnen passt. In dem Moment, wo die Aktentasche auch die Handtasche integriert, steigen die Ansprüche an ihre Optik. Mehr über Lederqualität lesen Sie übrigens in meinem zweiten Buch „Clever konsumieren".

Welche Formen, Farben und Materialien sehen gut aus? Eine Handtasche passt immer dann zu ihrer Trägerin, wenn sie in der Größe auf die Proportion abgestimmt ist. Große Frauen tragen also große Taschen, zierliche Frauen kleine. Bei Henkeltaschen, die auf der Schulter getragen werden, sollten die Henkel nicht zu lang sein und der untere Rand der Tasche etwa auf Hüftknochenhöhe enden.

Ein warmer Farbtyp sucht warme Farben, beispielsweise braunes, in warmen Tönen gefärbtes Leder oder im Sommer Stofftaschen in warmen Farben. Ein kalter Farbtyp wählt Schwarz, Marine, Rauchbraun oder kühle, hellere Nuancen. Im Geschäftsleben sollten Sie von „Plastiktaschen", sehr modischen Kreationen und starken Mustern Abstand nehmen. Sie wirken unsachlich, und Ihre oft männlichen Geschäftspartner bewerten auch eine Tasche sehr wahrscheinlich nach Kriterien des Statusdenkens.

Bei Abendtaschen allerdings sind Ihrer Experimentierfreude keine Grenzen gesetzt, sofern das Design zum Kleid und zu Ihnen passt und nicht billig aussieht. Handtasche, Schuhe – und früher auch noch die Handschuhe – müssen heute nicht mehr exakt aufeinander abgestimmt sein, sollten aber unbedingt zueinander passen.

Welche Handtaschen braucht eine (Business-)Frau?
Stil misst sich nicht an der Zahl der Handtaschen. Manche Frauen haben sehr viele Taschen, die viel Kleiderschrankvolumen in Anspruch nehmen, andere nur eine einzige. Die Menge richtet sich nach dem individuellen Bedürfnis nach Abwechslung. Wenn Kleidung und Tasche jeweils zur Frau passen, harmonieren sie in der Regel auch miteinander. Das ist der unschlagbare Vorteil einer Stilberatung und einer strategischen Garderobenplanung.

Für ein funktionierendes gesellschaftliches Leben sollte Frau mindestens zwei Handtaschen für den Businessalltag haben, eine dunklere für Wintermonate und dunkle Kleidung, eine hellere für Sommergarderobe und entsprechend hellere Kleidung, außerdem eine vielseitige kleine Tasche für den Abend, die festlich sein darf. Wer viele Handtaschen besitzt – was okay ist, wenn Ihr Kleiderschrank das zulässt –, schätzt sicherlich kleine Innentaschen und Etuis, die das Umräumen wesentlich erleichtern und die Inhalte leichter finden lassen.

Ob Anhängerin der Multitaschen- oder Zweitaschen-Strategie – suchen Sie Handtasche, Aktentasche oder auch Ihre Kombitasche mit Sorgfalt aus, denn seien wir einmal ehrlich: Eine schöne, geschmeidige Ledertasche ist einfach bestechend.

Tipps für die Auswahl: Manchmal begegnen uns absolut schick gekleidete Geschäftsdamen mit einer klobigen, nicht zu ihnen passenden Aktentasche oder aber einem bis zum Bersten überfüllten, zu sehr auf das Aussehen reduzierten Täschchen. Beides tut nichts für ihr Image. Planvolles Vorgehen, das in beruflichen Entscheidungen selbstverständlich ist, darf man auch Ihrem größten Accessoire ansehen. Denn man(n) sieht auch Ihrer Handtasche an, ob Sie organisiert sind.

Probieren Sie daher gleich im Laden aus, ob Ihre persönlichen Utensilien in der potenziellen neuen Tasche Platz finden. Lässt sie sich noch bequem schließen, oder spannen bereits die Nähte? Und wie steht es mit den Riemen? Schneiden sie Ihnen in die Schulter oder den angewinkelten Arm? Gerade hier sollten Sie auf breite, softe Riemen in guter Verarbeitung achten, die den Stoff an Schulter oder Ärmel Ihrer Kleidung weniger aufscheuern und auch bei höherer Belastung stabil bleiben. Betrachten Sie die Nähte oder die Karabinerhaken, mit denen die Riemen befestigt sind, genauer, um sicherzugehen, dass sie gut verarbeitet sind. Die stabilste Tasche nutzt wenig, wenn der Karabiner oder der Gurt dem Gewicht nicht standhält. Viele Taschenverkäufer und Onlineshops liefern Ihnen mittlerweile die nötigen Informationen, mit wie viel Kilogramm die Tasche belastet werden darf und was hineinpasst.

Um die Gewichte im Interesse Ihrer guten Körperhaltung gleichmäßiger zu verteilen, sind bei größeren Aktenmengen eine Hand- und eine Aktentasche sinnvoll. Wenn es doch eine Kombi-/Aktentasche sein soll, ist insbesondere die Aufteilung der Fächer, wie beispielsweise ein separates, gepolstertes Laptop-Fach, wichtig, die Ihren Bedürfnissen und dem für Sie üblichen Arbeitsmaterial gerecht werden muss. Von Vorteil sind beispielsweise Taschen, in denen Sie problemlos Mappen und Ordner im DIN-A4-Format verstauen können.

Pflege: Pflegen Sie Ihre Taschen regelmäßig. Denn die Handtasche rangiert nach Ihren Händen als Visitenkarte für Ihren Auftritt. Zur Reinigung und Pflege von Leder eignen sich farblose Lotionen, damit nicht versehentlich bei Reibung dunkle Lederpflege auf Ihrer Kleidung landet. Beide Taschen, Ihre Handtasche und Ihre Aktentasche, dürfen den Charme getragenen Leders haben, dabei aber nie ungepflegt wirken, denn sie begleiten uns täglich und sind ein Teil von uns.

In ihrem Buch schreibt Anna Johnson zum Kult der Handtasche: „Gezeichnet von Gebrauchsspuren, bis an den Rand voll gestopft, vom Munde abgespart und geliebt wie ein eigenes Kind, ist eine Handtasche ein intimer, mit dem Körper verwachsener Teil: eine Art zusätzliches Geschlechtsmerkmal. Ein Bauch für Geheimnisse. Ein kleines Haus für unterwegs. Ein tragbares Boudoir..." Womit wir wieder bei der Entstehungsgeschichte der Tasche sind.

Damenuhren – Schmuckstück und Statussymbol

Die Bedeutung der Armbanduhr als Statussymbol für den Mann wirft die Frage auf, was eine Damenuhr heute eigentlich ist und welchen symbolischen Wert sie hat. Denn die zarten, schlanken und manchmal mit Brillanten versehenen, klassischen Damenuhren wollen zu der Kraft eines weiblichen Geschäftsauftritts manchmal nicht so recht passen. Es sei denn, die Dame arbeitet in der Juwelier- oder einer verwandten Branche, die mit Schönheit zu tun hat. Hinzu kommt, dass der Wert einer Uhr heute mehr als früher am klar erkennbaren Herstellerlogo gemessen wird, das einen Rückschluss auf den Preis zulässt – weniger an der Feinheit der Verarbeitung. Eine Frau, auch wenn sie ihre Uhr selbst nicht als Statussymbol sieht, sollte sich vergegenwärtigen, dass ihre männlichen Geschäftspartner das durchaus tun und sie anhand ihrer Uhr einstufen werden. Es ist also nicht egal, was Frau ums Handgelenk trägt, sofern es sichtbar wird.

Es gibt inzwischen Damen-, Herren und Unisexuhren. Viele Frauen tragen bewusst Herrenuhren, die oft höher und kompakter sind. Enge Blusenmanschetten sollten bei hohen Uhren – wie auch die Hemdenmanschette des Mannes – etwas weiter gemacht werden. Mit schlichten, flachen Uhren in mittlerer Größe, oft als Unisex angeboten, macht Frau hinsichtlich Erscheinungsbild und Größe selten etwas falsch. Im Management sollte es eine klassische Markenuhr ohne Steinbesatz sein.

Die neueste Trenduhr aus Plastik wird Ihrem männlichen Gesprächspartner keine Bewunderung abringen, unabhängig davon, wie gut eine vielleicht austauschbare Akzentfarbe zum Outfit passt. Klassische und nicht protzige Modelle mit technischen Funktionen können aber eine Brücke zur Männerwelt bauen und bieten auch Stoff für Small Talk, wenn Frau beispielsweise eine gute Beobachterin ist und das sichtbare Schmuckstück des Herrn zum Thema macht. Denn welcher Mensch redet nicht gerne über das, worauf er stolz ist? Das Gespräch über die Vorzüge mechanischer Uhrwerke (mit Handaufzug oder als Automatic, bei der die Feder durch die Armbewegung des Trägers automatisch aufgezogen wird) oder die Präzision von Chronometern (besonders genaue Uhren, die ursprünglich zur Navigation von Schiffen und Flugzeugen eingesetzt wurden und nur durch ein Prüfverfahren als solche deklariert werden dürfen) kann Ihren Gesprächspartner erwärmen. Uhrenliebhaber unterscheiden nämlich rigoros zwischen „den guten" mechanischen und „den minderwertigen" batteriebetriebenen Uhrwerken. Möglich, dass Sie sich auch über „Uhren fürs Leben" oder kostbare Erbstücke unterhalten, denn Uhren sind nicht zuletzt auch eine Geldanlage – eine Sichtweise, die dem Geschäftsleben sehr nah ist.

Was ist stilistisch zu beachten? Die Damenuhr fügt sich dezent und harmonisch in die Gesamterscheinung ein oder fungiert als Eyecatcher. Als dezentes Accessoire erhält sie einen Punkt, als Blickfang zwei Punkte (mehr zum Punktesystem auf S. 135 f.). Die Größe sollte zur Statur passen und mit dem übrigen Schmuck abgestimmt werden: Als Hingucker eingesetzt verträgt eine Uhr keinen weiteren auffälligen Schmuck, der ihr die Show stiehlt – alles andere sollte dann dezent sein.

Bleiben Sie außerdem bei einer Metallfarbe (siehe auch Kapitel über Farben) – warm oder kalt – und achten Sie darauf, dass Sie nicht Hochglänzendes mit matt satinierten Metallen kombinieren, sondern einheitlich bleiben. Wer in Schmuckfragen eine Linie – gerade oder geschwungen – verfolgt, wird auch die Uhr darauf abstimmen wollen. So trägt zum Beispiel eine Frau, die eckigen Schmuck bevorzugt, konsequenterweise keine runde Uhr und achtet vielleicht sogar bei den Taschenverschlüssen auf eckige Formen. Was eigentlich klar ist: Ein Lederarmband sollte gepflegt und nicht abgenutzt aussehen.

Je nach Typ ist Ihre Uhr eleganter oder sportlicher und unterstreicht Ihre persönliche Ausstrahlung. Zifferblatt, die Anzahl der Zeiger und die technischen Möglichkeiten wie zum Beispiel eine Datumsanzeige, Mondphase et cetera machen den Unterschied.

Damenschuhe – Ladykiller?

Roter Teppich ... Showtime! Der Oscar ist gerade verliehen worden und die bunten Gazetten sind überfüllt mit Fotos in noch knalligeren Farben. Stars und Sternchen präsentieren ihre Kleider, für die sie natürlich nicht bezahlen mussten, weil sie die beste Werbung für den Designer sind, und stöckeln auf abenteuerlichen Schuhgebilden über den rubinfarbenen Velours.

Stöckeln? Von gehen, schreiten oder schweben kann nämlich nicht die Rede sein. Und hier zeigt sich auch das Dilemma der oft abenteuerlich gestalteten Schuhe aus einschlägigen spanischen oder französischen Designhäusern, das bestimmt fast alle Frauen unter Ihnen kennen: Im Stehen sehen sie einfach klasse aus, nur im Gehen rauben sie einem alles, was elegant und souverän macht. Im schlimmsten Fall wird es ein GAU für das Selbstbewusstsein, von Druckstellen, Blasen und Halux Valgus, dem Ballenzeh, ganz abgesehen.

Es gibt drei verschiedene Schuhkategorien für Frauen:
a) Schuhe zum Laufen (flache und Sportschuhe),
b) Schuhe zum Gehen (verschiedene Höhen mit breiteren Absätzen) und
c) Schuhe zum Stehen, mit denen man „elegant aussieht" (hohe und schmale Absätze).

Wenn Sie einen C-Schuh beim Stadtbummel tragen, sieht das zwar unerhört stylish aus, Sie machen sich aber das Leben schwer, denn die Stilettos funktionieren eben nur auf ganz gleichmäßigem Boden, sinken aber auf unebenem Straßenpflaster gerne einmal in die Ritzen ein. Ein schöner Gang ist da nicht mehr möglich. Stilprofis überlegen sich also vorher, wie die „Bühne" und der Boden sein werden, auf der die Performance und der buchstäbliche Auftritt stattfinden sollen.

Um sich auf höheren und/oder schmalen Absätzen wohlzufühlen, braucht es Übung. Wer seinen Alltag in Turnschuhen verbringt und für die Gala Elf-Zentimeter-Absätze mit 0,4 Zentimeter Durchmesser wählt, betreibt Selbstboykott. Wie soll Frau noch souverän lächeln, wenn sie sich nicht sicher fühlt? Besser, Sie haben die Schuhe schon vorher zu Hause ausgiebig getestet und auch die eine oder andere Treppenstufe damit bezwungen. Ein kritischer Blick in den Spiegel, um den Gang – vielleicht zur Musik? – zu überprüfen, gibt ein Gefühl für die eigene Wirkung. Denn eines sollte der Gang nie sein: unsicher. Ein langer Fuß kann naturgemäß höhere Absätze vertragen und hat immer noch den Ballen auf dem Boden, so dass die Balance leichter fällt. Ein kurzer Fuß sieht tatsächlich besser aus, wenn der Absatz nicht zu hoch ist. Zu hohe Absätze machen kleiner, wenn der unsichere Gang die Absicht, größer zu wirken, verrät.

Womit wir bei der wichtigsten Frage von allen sind: Was macht einen schönen Gang aus? Bewegungen, die fließend und unverkrampft sind. Füße, die über den Fußballen abrollen, anstatt das volle Gewicht auf die Ferse zu setzen – was bei festen Sohlen und Plateaus schon mal unmöglich ist. Die Fashion-Szene schwört auf High Heels, die aufregend weibliche Beine machen und das Gewicht auf den Vorderfuß zwingen, wodurch sich die gesamte Statik verändert. Einen schönen Gang kann man aber auch ohne das erwerben – durch Training der Fußmuskulatur und die richtige Körperspannung bei optimaler Balance.

Die elegante, katzenartige Bewegung von *Tangueras,* den Tangotänzerinnen, ist beispielsweise nichts weiter als das schöne Ergebnis dieser Technik. Sie zeigen uns auch, dass Tanzschuhe genauso elegant, nur viel bequemer als Abendschuhe sein können. Für Nicht-Tänzer gilt jedoch: Extreme vermeiden. Tragen Sie Absätze immer nur so hoch, wie Sie souverän darauf gehen können. Wo High Heels, wenn die Übung fehlt, die Balance gefährden, nehmen Ballerinas dem Gang meistens die Geschmeidigkeit.

Mit den richtigen Schuhen steht und fällt die Erscheinung einer Dame. Den flachen Blockabsatz-Schuh gegen einen eleganten Pumps ausgetauscht – schon ist das Businesskostüm fit für die Abendveranstaltung. Sneakers statt Halbschuh zur Jeans kombiniert – schon wirkt das Outfit lässig statt damenhaft. Up- oder Downgrade eines Outfits wird damit manchmal zu einer Frage der Zentimeter.

Jingle Bells – Die Sache mit dem Schmuck

Welcher Titel könnte für ein Kapitel über Schmuck passender sein? Schließlich blüht das Schmuckgeschäft gerade zur Weihnachtszeit. Und ob Juwelen, Perlen oder Modeschmuck: Wer die sich schmückende Welt betrachtet, wird leider viel zu oft an Christbäume erinnert.

So nämlich wirken viele Träger teuerster Geschmeide, und das überforderte Auge des Publikums ruft nach einer Betriebsanleitung für den Umgang damit.

Welche Formen und Farben stehen mir – und warum? Wie viel Schmuck verträgt vor allem das Geschäftsleben – und was kann ich aus meiner Schmuckschatulle zaubern, wenn ich auf eine große Gala eingeladen bin? Wie teuer muss und wie billig darf Schmuck sein? Denn wie jedes Statussymbol unserer Gesellschaft ist auch die Beschaffenheit des Schmucks eine Frage des Budgets.

Um die Männer nicht auszuschließen, möchte ich hier beide Geschlechter ansprechen, denn obwohl Herren dezenter mit Glanz und Glitter umgehen, haben sie trotzdem die Aufgabe, Highlights in ihrer Erscheinung gezielt zu platzieren. Das ist nämlich der Sinn von Schmuck: Menschen schmücken sich von jeher und in allen Epochen, um Schönes hervorzuheben, den Blick des Betrachters zu lenken und Status darzustellen.

Menge und Platzierung: Die Frage nach der in dieser Epoche businesstauglichen Menge Schmuck lässt sich tatsächlich mathematisch beantworten: Für eine spannende Erscheinung platzieren Sie lieber einen einzigen, richtigen Eyecatcher statt drei dezente – bevorzugt in Gesichtsnähe, wo Sie den Blick Ihres Gegenübers schließlich auch haben wollen. Im Gegensatz dazu ist zu ausgefallenes und auffälliges Schuhwerk kontraproduktiv, da es den Blick des Betrachters nach unten zieht.

Für das richtige Mengenmaß vergeben Sie jedem auffälligen Element an Ihrem Gesamtbild, das Sie abgeben, einen

Punkt: Einen pro Farbe der Kleidung, zum Beispiel ein dunkelblauer Anzug kombiniert mit einem hellblauen Hemd – das macht zwei Punkte. Der schwarze Schuh zu ihrem Outfit bekommt keinen Punkt für seine Farbe, weil er fast genauso dunkel wie der Anzug ist. Sie vergeben aber einen weiteren Punkt für den Schuh an sich. Wenn Ihre Schuhe zweifarbig, mit Steppungen, Applikationen oder Schnallen versehen sind, bekommen die Schuhe noch einen Extrapunkt, zusammen also zwei.

Jetzt vergeben Sie für alles, was das Auge Ihres Gegenübers einfangen könnte, einen weiteren Punkt. Ein Punkt für den schlichten Ehering, zwei Punkte für den auffallenden „Klunker" am Mittelfinger. Einen Punkt für die schlichten Perlenohrringe, zwei Punkte für die kontrastfarbigen Ohrhänger. Weitere Punkte für jedes Muster, jedes Stück Schmuck oder die extravagante Brille. Vergessen Sie bitte die Gürtelschnalle nicht. Und wenn Sie alle Punkte addiert haben, sollten Sie für den Businesslook auf nicht mehr als acht bis neun Punkte kommen. Bei der großen Gala dürfen es gerne zwölf Punkte sein.

Form: Die richtige Wahl der Form, Farbe und Größe können Sie allerdings nicht errechnen. Hier müssen Sie sich stattdessen ein wenig mit sich selbst befassen. Wer markante Gesichtszüge und eine gerade Körperlinie hat, stärkt sein Profil durch geradlinigen, eckigen und markanten Schmuck. Achtung Frauen: Bitte versuchen Sie nicht, Ihre Optik weicher zu machen, wenn Sie ein geradliniges Gesicht haben. Es ist immer noch weiblich. Nicht Ausgleich ist das Ziel, sondern Hervorheben Ihrer persönlichen charakteristischen Linienführung. Gesichter und Körper mit weichen Konturen wirken harmonisch, wenn sie runde, geschlungene statt grafische, eckige Formen wählen. Für den Kauf von Ohrringen und Ketten kann es sinnvoll sein, ein gutes Foto im A4-Format von sich dabei zu haben und den Schmuck auch dort anzulegen. Sie sehen sich so aus der Warte des Betrachters und ohne die Spiegelverkehrung.

Farbe: Farblich richten Sie sich – egal ob markant oder mit weicher Kontur – ebenfalls nach Ihren natürlichen Anlagen: Schwarzes, rauchbraunes oder aschblondes Haar und dazu blaue, graue oder braune Augen mit dunklem Ring um die Iris? Klingt nach kühlen Farben, die mit Silber, Weißgold oder Platin edel wirken. Zartes Rotblond mit grünlichen Augen ruft dagegen nach Rotgold oder Gold. Eine qualifizierte Farbanalyse bringt Klarheit und ist eine lohnende Investition. Was sich ändert, ist nur die Auswahl der Farben aus Ihrer persönlichen Farbpalette je nach Anlass, Stimmung und Lebensalter.

Format: Wie großformatig der Schmuck sein sollte, ist von der Proportion abhängig. Wer durch Körperlänge und mehr Gewicht Fläche mitbringt, verträgt natürlich auch plakativen und großen Schmuck. Wer hingegen zierlich ist, wird von massiven Schmuckstücken schnell erdrückt. Denken Sie an das Bild kleiner und schmaler Frauen, die vor ein paar Jahren dem Trend der großen Beutelhandtaschen, der

IT-Bags, zum Opfer fielen: Sie ähnelten nämlich meist Kindern, die Mamas Handtasche spazieren führten ...

Ohrringe im Fokus: Die meisten Frauen haben ein oder zwei Paar Lieblingsohrringe, die sie tagein, tagaus tragen. Sie flankieren das Gesicht, betonen es oder lenken von ihm ab und sind überhaupt stets auf Augenhöhe. Grund genug, dieses kleine wichtige Etwas sorgfältig statt zufällig auszuwählen – insbesondere, wenn Sie ein liebender Mann sind, der die Lady seines Herzens beschenken will, oder eine Frau, die zu jedem Outfit auch den perfekten Ohrring tragen möchte. Für Männer gilt: Mit der Ferndiagnose ist jede noch so versierte Schmuckverkäuferin überfordert, es kann aber enorm helfen, wenn Sie sich an eine Verkäuferin wenden, die dem Typ Ihrer Frau ähnlich ist, zum Beispiel gleiche Farben hat oder einen ähnlichen Kleidungsstil.

Clip oder Stecker? Die nächste Überlegung gilt der Befestigung: Clip oder Stecker? Denn ein Ohrring mit Stecker für eine Frau ohne Ohrlöcher ist etwa genauso sinnvoll wie ein Rasierwassergeschenk für den Onkel mit Vollbart.

Clips bieten die Möglichkeit, auch schwere Ohrringe zu tragen, die ein Ohrloch sonst schmerzhaft überdehnen würden. Deshalb bevorzugen Frauen, die großen Ohrschmuck lieben, Clips – sogar wenn sie Ohrlöcher haben. Die können allerdings auch kneifen, wenn der Verschluss zu fest eingestellt ist, oder verloren gehen, wenn er zu locker sitzt. Clips lassen sich schnell vom Ohr nehmen, wenn Frau telefonieren und das Geräusch des Ohrrings am Hörer vermeiden möchte, das ein Gesprächspartner zwangsläufig mitbekommt – das ist ihr Vorteil. Viele Frauen ziehen Stecker dem Clip aber vor.

Hängerohrringe oder nicht? Merken Sie sich einfach diese Formel: Je länger das Gesicht, desto kürzer sollte der Ohrring sein – und umgekehrt. Wenn Ihr Schmuckstück, in diesem Fall die zu beschenkende Dame, also ein kurzes Gesicht hat oder eines mit einem spitzen Kinn, sind hängende Ohrringe, die optisch strecken oder den mathematischen Fehlbetrag seitlich des Kinns auffüllen, genau richtig. Ein langes schmales Gesicht ist dagegen lang genug und muss nicht gestreckt werden. Hier sind Ohrringe, die nicht hängen, empfehlenswert.

Ein letztes Wort noch zur Qualität: Es gibt massenhaft wunderbaren Modeschmuck aus ausgefallenen Materialien. Vermeiden Sie jedoch Schmuck, der im Hautkontakt anläuft und auf die Haut abfärbt. Ob Ihr Schmuck hochwertig wirkt und Ihr Erscheinungsbild stärkt statt es zu stören, entscheidet der Handtest: Ihr Schmuck sollte ein gewisses Gewicht haben, geschmeidig Ihre Bewegungen begleiten und bei Berührung und Reibung – wenn überhaupt – nur sanfte und wohl klingende Geräusche machen. ... *Jingle Bells*

Dufte Typen – Vom Umgang mit Parfums

Meine Damen, wir reden hier von Ihnen. Dass sich viele Männer – gerade die liebenswerten – vor einem Date, das Ihnen wichtig ist, ab und zu mal überparfümieren, ist ja bekannt. Sie tun es, weil die Geste allein Wertschätzung gegenüber der Frau, der Verabredung, ist. Diese Männer gehen nicht einfach hin – sie bereiten sich vor. Viele Duftliebhaber nehmen allerdings unwissentlich zu viel, weil die eigene Nase bereits an den Duft gewöhnt ist und ihn nicht mehr voll wahrnimmt. Und das geschieht schneller, als man denkt. Es passiert sozusagen alle Nase lang, weshalb Duftexperten selber oft keinen Duft tragen.

Welche Menge ist richtig? Checken Sie bei jedem neuen Parfum, Eau de Toilette (EdT), Eau de Parfum (EdP), Body Splash oder After Shave gleich zu Anfang, wie viel Sie wovon vertragen. Zwei Mal Zerstäuberdruck auf Brusthöhe und vor dem Anziehen? Prima. Ein Hauch hinter dem Ohr der Dame mit dem Finger aufgetragen? Auch okay. Alles andere, gerade auf exponierten Stellen wie Haaren, Wangen und Kleidung, ist oft zu viel.

Ändern Sie bitte nie die Menge, nur weil Sie selbst Ihre Parfümierung nicht mehr riechen. Sie bleiben bei Ihrem „Rezept" der ersten Anwendungen. Ein Duft sollte nicht weiter als auf Armlänge, also im persönlich-intimen Bereich zu riechen sein.

Ein kleiner Tipp an die Herren: In einer Gesellschaft, in der man sich mit Wangenkuss begrüßt, landet ein parfümiertes Rasierwasser schnell mal auf den Lippen der Bekannten, die Ihren Duft dann den ganzen Abend im Essen hat! Besser Sie verwenden nach der Rasur eine duftneutrale Pflege und wenden Ihren Duft aus dem Flakon an.

Was ist mit Duftgeschenken? Duft sollte eine persönliche Sache sein und bleiben – keine von Sonderangeboten oder unfreiwilligen Geschenken beeinflusste Wahl. Ihr Duft ist ein Teil von Ihnen und sollte daher Ihre Persönlichkeit genauso reflektieren wie Ihre Kleidung. Daher stellt sich die Frage nach dem Sinn von duftenden Geschenken – gerade zur Weihnachtszeit.

Pünktlich zum ersten Advent werden in Deutschland die Festbeleuchtungen eingeschaltet. Sie sollen uns einstimmen und motivieren, in die Innenstädte locken und zum Kauf anregen. Wer weiß – vielleicht sollen sie uns auch buchstäblich die richtige Erleuchtung für erwünschte Geschenke geben.

Und während der Eisverkäufer vom Sommer seit Oktober duftende Maroni aus der heißen Pfanne schöpft, Glühweinbuden und Weihnachtsmarktstände wie Pilze aus dem Boden schießen und nach Lebkuchen duftende Spezialitäten unsere Nase streicheln, beginnt auch für die Duftbranche eine große Zeit: Parfümerien setzen von Mitte November bis Weihnachten etwa ein Drittel ihres Jahresumsatzes um.

Warum? Vielleicht weil die duftende Welt der Vorweihnachtszeit dazu einlädt, vielleicht weil kosmetischen Produkten das Aroma des Verwöhnens anhaftet – und wer will zur Weihnachtszeit nicht seine Lieben verwöhnen?

Hinzu kommt, dass Duftgeschenke kostenmäßig steuerbar sind: Denn wem das EdT zu teuer ist, der verschenkt einfach das Duschgel oder die zum Duft passende Bodylotion. Ein weiterer Grund für die Beliebtheit duftender Geschenke ist auch die Tatsache, dass sie „immer richtig" scheinen, nie zu aufdringlich und selten verbindlich sind. Aber stimmt das wirklich? Eigentlich ist Duft doch, weil er so nah an die Haut geht wie nichts anderes, das man trägt, eine zutiefst persönliche Angelegenheit.

Nähe und Distanz sind in Zonen messbar. Man spricht zum Beispiel ab 1,20 Meter Entfernung vom eigenen Körper von gesellschaftlicher, ab 45 Zentimeter von persönlicher und unter 45 Zentimetern von intimer Distanzzone, wenn es um den physischen Kontakt mit Menschen geht. Dabei werden die Abstände sehr individuell als angenehm oder weniger angenehm empfunden.

Nur Menschen, mit denen Sie innerhalb der persönlich-nahen (Schutz-)Zone von einer Armlänge verkehren, kennen Ihren individuellen Körperduft und sind dadurch in der Lage, etwas für Sie Passendes auszuwählen – alle anderen nicht. Daher sollten duftende Geschenke wie lang anhaltende Düfte aus Parfum, Creme-Parfum, Eau de Toilette und

Eau de Parfum den Menschen in Ihrem engsten Umfeld vorbehalten bleiben.

Alle anderen sind mit flüchtigen Düften oder anderen Produkten wie Raumdüften, einer teuren Handcreme, einem Saunatuch (wenn man weiß, dass der Empfänger den Saunabesuch liebt) oder einem Blumengutschein für den tristen Monat Januar besser und origineller beraten.

Hinweis: Ein Duschgel, Rasierwasser oder eine Körperlotion zu schenken ist nicht unbedingt Sache des Chefs oder der Kollegen – und könnte auch missverstanden werden.

Wie wird ein individueller Duft ausgesucht? Auf der Suche nach einem persönlichen Duft für sich selbst machen Sie sich bitte Gedanken zu Ihrem eigenen Typ, der Sie als Persönlichkeit repräsentiert. Stellen Sie die Typfrage: Klassisch? Casual-leger? Avantgarde? Sportlich? Was strahlen Sie aus und was nehmen andere von Ihnen wahr?

Vorbereitung: Essen Sie am Tag, bevor Sie Ihr Parfum aussuchen wollen, keine scharfen Gewürze wie Knoblauch, Tabasco oder mehr Pfeffer als sonst, es verändert die Körperchemie. Duschen Sie am Morgen normal, aber parfümieren Sie sich nicht und kleiden Sie sich entsprechend Ihrem Typ. Sie fühlen sich authentischer und erhalten auch eine bessere Beratung.

Vorschnuppern: Testen Sie in den Wochen vorher ein paar Düfte spontan im Vorbeigehen, um eine „Richtung" zu finden oder zumindest ein paar Trends auszuschließen. Der neueste Duft von Marke XY, der gerade voll im Trend liegt, hat selten etwas mit Ihnen persönlich zu tun. Nehmen Sie zusätzlich vielleicht noch jemanden mit, der Sie wirklich mag und deshalb auch liebevoll kritisch ist, um bei der richtigen Duftauswahl mit einer Meinung an Ihrer Seite zu sein.

Platzierung: Betreten Sie ein Geschäft, das Ihnen sympathisch ist, das Sie für kompetent halten und lassen Sie die Präsentation der Duftabteilung auf sich wirken: Gängige „Mainstreamdüfte" oder „Penner", die abverkauft werden müssen, werden gerne auf Augenhöhe platziert. Es gibt aber noch die Reckhöhe (höher als Ihr Kopf), Griffhöhe (Brust- bis Hüfthöhe) und die Bückhöhe (Oberschenkel bis Boden). Bitte schauen Sie sich überall um. Schätze findet man meistens erst auf den zweiten Blick.

Flakondesign: Orientieren Sie sich auch an Farben. Lassen Sie die Verpackungen und Flakons auf sich wirken – nicht umsonst geben Firmen viel Geld für das Flakondesign aus: Bereits das Äußere erzählt etwas über das Parfum. Ein klassisch-eleganter Duft wird beispielsweise nie in einer rosa Verpackung mit goldverschnörkeltem Flakon angeboten. Suchen Sie deshalb, was Sie bereits optisch anspricht.

Testen: Sprühen Sie nie mehr als fünf bis sechs Düfte auf die sogenannten „Blotter" – die weißen Papiertäfelchen – oder ein unbenutztes Kosmetiktuch, um das Aroma aufzunehmen. „Wedeln" Sie die ersten Wolken des Alkoholgeruchs weg. Wenn Sie nun daran riechen, erleben Sie allerdings immer noch nur die Kopfnote.

Ihre Nase kann nämlich nur maximal fünf Düfte unterscheiden. Danach versagt das Riechorgan den Dienst und kann nicht mehr differenzieren. Sobald Sie sich also auf ein paar potenzielle Favoriten festgelegt haben, sprühen Sie diese – maximal drei Düfte, die Ihnen „am nächsten" sind – auf die Haut: Handrücken links, Handrücken rechts, ein Ellenbogen.

Gönnen Sie sich und Ihrer Nase direkt danach eine Pause und verlassen Sie die Parfümerie für mindestens eine Stunde. Solange braucht Ihre Nase, um sich zu erholen. Und auch der Duft benötigt diese Zeit, um sich auf der Haut von der Kopfnote über die Herznote bis zur Basisnote zu entwickeln. Vergleichen Sie die Düfte immer wieder. Entscheiden Sie sich für den Duft, der für Sie nach einer Stunde am angenehmsten riecht und sich gut anfühlt. Falls Sie bis dahin immer noch unsicher sind, suchen Sie bitte weiter.

Statt eines Eau de Toilette als Duftgeschenk können Sie auch eine Duftprobe oder ein Duschgel aus der gleichen Serie zusammen mit einem Gutschein verschenken – so hat der Beschenkte noch die Möglichkeit, Ihre Wahl seinen Vorstellungen entsprechend zu korrigieren. Denn für sein Image ist schließlich jeder selbst verantwortlich. Und wenn

Sie die Duftauswahl dann auch noch gemeinsam in Angriff nehmen, haben Sie beide doppelt soviel Spaß.

Wellness für die Kleider – Reine Imagepflege

Früher wurden Stilgeheimnisse von Mutter zu Tochter und von Vater zu Sohn weitergegeben. Heute erübrigt sich meistens schon die Frage, weil Mutter und Vater eben auch nicht mehr so genau wissen: Was ist Qualität? Was guter Geschmack? Was schmeichelt mir, wie kann ich mich ausdrücken? ... oder auch einfach: Wie pflege ich meine Kleidung richtig? „For details ask your mother" schreibt ein origineller Modeanbieter in den Pflegehinweis seiner Kleidung. Richtiger müsste es wahrscheinlich heißen: „... ask your grandmother."

Abgesehen davon, dass sich die Großmutter, nennen wir sie Klara, nicht mit ständig neu erscheinenden High-Tech-Textilien auseinandersetzen musste, hatte sie nicht nur einen tief sitzenden Respekt vor Textilien, die schließlich lange halten mussten, sondern auch ein Grundwissen über Materialien, textile Fasern und wie man sie am besten behandelte.

Heute ist das anders. Kleidung wird oft nur eine Saison über getragen, weshalb sie nicht teuer sein darf. Leider sieht sie häufig auch entsprechend aus.

Es kann auch schon mal vorkommen, dass eine Damenjacke aus teurem Wollstoff speckig und glänzend wird, weil Granny's Urenkelin Lisa Frisierumhänge für altmodischen Krempel hält und auch noch nie gehört hat, dass man sich erst *nach* dem Frisieren anzieht. Denn was macht das Haarspray? Spätestens beim Bügeln zieht es tief in die Faser ein, verklebt sie und ist auch durch Reinigung nicht mehr wegzubekommen.

Stilprofis eignen sich daher im eigenen Interesse Grundwissen über Kleiderpflege an. Reinigung, egal ob trocken, gekennzeichnet durch das „P" für Perchlorethylen in der symbolisierten Reinigungstrommel auf dem Pflegeetikett, oder nass, was durch „W" wie „wet" gekennzeichnet ist, soll Staub, Körperfett und Gerüche aus der Kleidung entfernen. Und das regelmäßig. Denn nur so bleibt das Gewebe lange schön.

Ober- und Unterteile sollten Sie auch immer nur zusammen in die Reinigung bringen, weil jede chemische Behandlung eine kaum merkliche Farbveränderung mit sich bringt. Nur so sind Sie sicher, dass Ihr Anzug auch nach mehreren Reinigungen noch gleiche Farbqualität in Ober- und Unterteil hat.

Achten Sie auch auf die Bügelqualität der Reinigung Ihres Vertrauens: Durchgebügelte Reverskanten? Glänzend gebügelte Flächen? Das darf nicht passieren. Bei der Reinigung ist es wie bei der Wahl des Änderungsschneiders:

Billig ist eben nicht die beste Wahl – denn durchgebügelte Nähte sind irreversibel. Beim Bügeln mit zuviel Hitze und Dampf zeichnen sich nämlich die Nahtzugaben außen ab. Das unschöne Ergebnis nennt man dann „durchgebügelt". Und das Kleidungsstück können Sie dann – wenn überhaupt – nur noch bei schummrigem Kerzenlicht tragen.

Für die Maschinenwäsche hat sich Jan, Großmutters Enkel, jedenfalls schlau gemacht: Für ihn ist es selbstverständlich, dass er helle und dunkle Sachen getrennt und nicht zu heiß wäscht oder Jeans, Shirts und Pullover auf links dreht, bevor sie in die Trommel kommen. Seine Büroanzüge trägt er nie zwei Tage nacheinander, hängt sie nach dem Tragen über Nacht auf den Balkon oder ins Bad, damit sich die Fasern erholen können – und erst dann wieder in den Schrank. Und er hat sich auch angewöhnt, beim Tragen gut zu seiner Kleidung zu sein: Er stützt die Ellenbogen nicht mehr auf, weil das blanke Ärmel macht, hebt vor dem Hinsetzen die Hosenbeine leicht an, was ein Überdehnen und Ausbeulen der Knie verhindert, und zieht bei längeren Auto- oder Zugfahrten das Sakko aus, damit es nicht knittert. Außerdem stopft er auch die Taschen und Innentaschen nicht mehr so voll.

Die Belohnung? Seine Freundin jedenfalls findet, dass er ein echter Gentleman geworden ist – nicht nur, weil seine Anzüge besser sitzen. Und im Job hat er mehr Erfolg, seitdem er so souverän auftritt.

Styling von Kopf bis Fuß

Haarige Geschichten – Stil rund um die Frisur

Der Begriff der Mode, abgeleitet aus dem lateinischen *modus = Art und Weise*, definiert sich laut Lexikon als „die in einem bestimmten Zeitraum und einer bestimmten Gruppe von Menschen als zeitgemäß geltende Art, etwas zu tun, Dinge zu benutzen oder anzuschaffen. Mit Moden werden also in der Regel eher kurzfristige Äußerungen des Zeitgeistes assoziiert", so Wikipedia. Und während sich die nach Individualität strebende Erwachsenenwelt zumindest verbal von Moden distanziert, nutzen junge Leute die Möglichkeit, ihren Gleichgedanken auszudrücken.

Manche Trends treiben dabei seltsame Blüten: Schüttelfrisuren zum Beispiel. In der bestimmten Gruppe von männlichen Jugendlichen haben sich seit längerer Zeit als zeitgemäß empfundene Frisuren durchgesetzt, die dem Träger jedoch meistens die Sicht rauben. So lässig wie der Trend auch aussehen mag – er führt eben dazu, dass sich die Betroffenen, um überhaupt etwas sehen zu können, ein häufiges hektisches Kopfzucken angewöhnen müssen, damit die Haare nicht ständig in den Augen hängen. Das kann ganze Schulklassen nervös machen. Bei den besonders Style-Bewussten sind es Undercuts, deren messerscharfe Rasur der Unter- und Seitenpartien bei längerem, manchmal zum „Head Bun" gebundenen Oberkopfhaar einen spannenden Kontrast zum arganöl-glänzenden Vollbart bildet. Bis sich dieses Phänomen buchstäblich verwachsen hat, werden noch viele junge Männer und Manager ihrem modischen Herdentrieb gefolgt sein.

Haarig wird es manchmal auch bei Menschen, die sich in öffentlichen Veranstaltungen unbeobachtet glauben. Da werden Frisuren reorganisiert, lange Haare über die Schulter geworfen oder Strähnen versonnen unablässig um den Finger gewickelt, was besonders bei reiferen Frauen alles andere als attraktiv wirkt. In der Herrenwelt haben neben dem Vollbart auch der Mehr-Tage-Bart und der Teilbart als Symbol der Männlichkeit wieder Karriere gemacht, auch und gerade zum Anzug.

Der Stil einer Haartracht orientiert sich an folgenden wichtigen Fragestellungen:
- Was entspricht meinem Alter und meinem Lebensstil/Berufsbild?
- Wie viel Zeit bin ich bereit, in der Morgenroutine für meine Frisur aufzuwenden?
- Was geben meine Haarqualität und Haarmenge her?
- Welche Gesamtproportion habe ich?
- Welche Gesichtsform und welche Gesichtszüge habe ich?
- Was ist in meinem Umfeld passend?

Wenn zum Beispiel der oben erwähnte Jugendliche in einem Restaurant im Service arbeitet, muss er sich die letzte Frage vor allen anderen stellen. Der barttragende Mann braucht neben der Bereitschaft, ihn zu pflegen, auch das

Handwerkszeug und die Routine, damit sein Gesichtshaar gepflegt und nicht zufällig aussieht. Mit dem Bartkult hat sich zum Glück die Zunft der Barbiere wieder etabliert, die Hilfestellung gibt.

Der Fragenkatalog allein zeigt, dass Trends spätestens bei der Frisurenfrage an Grenzen stoßen – denn was nützt der schönste ultrakurze Haarschnitt, der an jungen, zierlichen Frauen klasse aussehen kann, wenn ich ohne Schuhe 1,82 Meter groß bin und Konfektionsgröße 36 trage? Dann sollte die Frisur nämlich nach Möglichkeit etwas voller sein, um der Körperlänge optisch ein Ende zu setzen.

Noch ein paar Worte zu Frisuren für die verschiedenen Dekaden in einer Karriere als Frau. Jedes Alter hat seine Ausstrahlung. Während die Zwanzigjährige noch experimentiert und oft reichlich Haar zum Stylen hat, da die Hormone auf Hochtouren laufen, sucht die Dreißigjährige Anerkennung und eine Position im Beruf und versucht das Ganze noch mit ihrem Kinderwunsch unter einen Hut zu bringen. Das sind sehr geschäftige Jahre. Die Vierzigerin, die sich gefunden hat und ganz in ihrer Mitte ruht, möchte ihr Alter trotzdem nicht für jeden sichtbar machen – und die Fünfzigerin sucht einen Look, der sie nicht matronenhaft wirken lässt. Denn das Leben fängt ja jetzt erst an.

Interessanterweise enden hier die Stilvorschläge der meisten Modemagazine. Sie rechnen noch zu wenig mit den agilen Alten, einer zunehmend starken Kundengruppe. Eine Frau ab 60 gehört noch lange nicht zum Alteisen und vereint Gelassenheit mit Erfahrung – auch stilistisch. Sie sucht einen Haarschnitt mit lässiger Perfektion.

Übertragen in die Praxis bedeutet das: Mit 20 hippe Schnitte, welche die Haarqualität zeigen, mit 30 einen schnell zu stylenden, erwachsen wirkenden Look, mit 40 schmeichelhafte Fransen und eventuell einen Pony, ab 50 keine Hochsteckfrisuren mehr und – eigentlich in jeder Lebensphase – unbedingt typgerechte Haarfarben, ab 60 raffinierte Kurzhaarschnitte ohne Lockenwickler. Nichts ist schlimmer als eine Frisur, die nostalgische Sehnsucht nach der längst vergangenen Jugend verrät.

Die richtige Haarlänge und der optimale Schnitt berücksichtigen die Konturen des Gesichts und seine Proportionen sowie die Gesamtproportion des Trägers beziehungsweise der Trägerin. Beides lässt sich in Eigenanalyse nicht ohne weiteres ermitteln, weil auch das zu sehr von Wunschdenken geleitet wird. Ein Frauengesicht wird aber schmaler durch längeres, an den Seiten schmal frisiertes Haar und eine freie Stirn. Ein Männergesicht wirkt schmaler durch kurz gehaltene Seitenpartien und eventuell Koteletten. Soll ein Gesicht optisch gekürzt werden, bieten sich Querbetonungen wie ein Pony, mehr seitliches Haarvolumen oder beim Mann der Bart an, sofern sein Beruf das zulässt. Ein Gesicht mit markanten Konturen liebt „cleane", glatte Schnitte und sollte nicht mit Locken weicher gemacht werden.

Karrieretauglich für Frauen ist jede Frisur, die den Typ unterstreicht und dabei sachlich genug wirkt. Es gilt, die weibliche Ausstrahlung nicht zu verleugnen, indem Frau eine sichtbare, schicke Frisur trägt – und nicht etwa zufällig zusammengebundene, seit Langem ungeschnittene Haare. Auch das schönste Haar in der besten Haarqualität wird am Verhandlungstisch nicht offen getragen. Auf Fotos oder beim Betrachten von Expertinnen in Fernsehinterviews wird immer wieder deutlich, dass offen getragenes, schulterlanges Haar „drückt" und insbesondere in der Kombination mit Jacken- und Blusenkragen nahezu halslos aussehen lässt. Hals zu zeigen ist im kleinen Rahmen des Bildausschnitts grundsätzlich attraktiver und eleganter. Auch in Sachen Haar hat die Maxime Gültigkeit: Frau, ja – Weibchen, nein.

Ihr Frisurenstil ist gelungen, wenn er die Persönlichkeit unterstreicht und mit dem gearbeitet wird, was da ist. Alles, was gegen die Natur arbeitet – wenn Sie zum Beispiel Haare, die sich locken wollen, immer wieder mit Glätteisen langziehen müssen, weil das gerade im Trend liegt –, ist purer Stress. Und ein Stil, der angestrengt ist, sieht auch so aus.

Make-up – Make down?

Auch als Mann sollten Sie jetzt weiter lesen. Warum? Weil das eine willkommene Gelegenheit ist, Ihrer Liebsten ein Kompliment zu machen – oder sie zu ermutigen, in Sachen Make-up ihren eigenen Weg zu gehen.

Manche Männer berichten – natürlich, bevor sie die heutige Liebste kennengelernt haben –, schon einmal mit wunderschönen Frauen zu tun gehabt zu haben, die am nächsten Morgen beim Frühstück komplett anders aussahen. Welche Desillusion. Wollen Sie das als Frau riskieren?

Make-up für „Normalsterbliche" im Alltag – Stars, Sternchen und Vertreter der Kosmetikbranche einmal ausgenommen – soll nicht mehr und nicht weniger machen, als ein Gesicht „anzuheben" (im Englischen „enhance") und seine Vorzüge zu betonen. Visagisten werden bestätigen, dass es nichts Anspruchsvolleres gibt, als ein Gesicht „schön" zu schminken. Fotografen sprechen dann von einem Beauty-Foto. Konkret bedeutet das: das Gesicht in seiner Struktur zu erkennen, die Ausstrahlung und Dynamik einer Persönlichkeit, ihre Farben und die Textur der Haut zu erfassen und optimal plastisch zu gestalten – und nicht, Farben gleichmäßig darauf zu verteilen. Ein gutes Make-up erkennt man, wenn es abgeschminkt wurde: Wenn die Frau dann noch nach sich selbst aussieht, war das Make-up gut.

Und was sichten wir stattdessen? Manchmal eben Farbtopf-Desaster, zugespachtelte Haut und harte schwarze Linien um die Augen. Was ein Make-up werden sollte, endet dann im schlimmsten Fall als Maskenbildnerei. Zugegeben – ein toller Beruf. Aber er gehört nicht in unseren Beauty-Alltag.

Im Geschäftsleben bewähren sich eine exakt auf den Hautton abgestimmte transparente Grundierung mit Puder, die nicht zu pastös – also pastenartig deckend – sein darf, ein plastisches Augen-Make-up, das den Augenschnitt vorteilhaft betont und weitgehend auf Farbe verzichtet – es heißt ja auch Lidschatten, nicht Lidfarbe –, wenig Rouge zur Konturierung und etwas Lippenstift oder -gloss. Ein gleichmäßiger Hautton lässt jünger aussehen. Soviel zur Notwendigkeit einer Grundierung, die auch noch schützt.

Make-up im Business richtet sich selbstverständlich auch nach dem persönlichen Stil. Eine klassische oder avantgardistische Frau hat ohnehin ein viel stärkeres Bedürfnis, sich auch im Gesicht „zu kleiden". Im Büro sollte aber auch für natürliche Frauen ein Minimum an Make-up zum professionellen Standard gehören: Puder, Lidschatten und Lipgloss oder der neutrale „Nude Look", abgeleitet vom englischen Wort „nude" = nackt. Bevor die Mode diesen Look für sich entdeckte, nannte man es auch ein „ungeschminktes" Make-up, das auf Farben verzichtet und Lippen und Lider durch helle Nuancen zwischen rosé und beige wie ungeschminkt, aber gleichmäßiger und feiner wirken lässt.

Entscheiden Sie sich immer dafür, Augen *oder* Lippen stärker zu betonen, nicht beides. Zeigen Sie, was an Ihrem Gesicht interessant ist und eignen Sie sich die Techniken an, entweder durch Beratung oder gezielte Recherche.

Smokey Eyes, wörtlich „rauchige Augen" – Liebling der Visagisten – werden seit unzähligen Jahren als das perfekte, geheimnisvolle Abend-Make-up lanciert. Schade nur, dass sich die wenigsten Frauen ernsthaft mit der Technik befassen. Es muss nämlich in einem sehr weichen Verlauf verwischt werden, und nicht wenige Anwenderinnen enden bei den berühmten harten schwarzen Linien um die Augen. Oder halt mal – war das nicht ein Trend in den 60er-Jahren? Das ist die nächste Klippe, die es zu umschiffen gilt: Man sollte einer Frau *niemals* am Make-up ansehen, wann sie jung war.

Das Internet bietet reichlich Anregungen und Aktuelles. Diese sind aber nur so gut, wie sie Ihnen im Geschäftsalltag nützlich sind und Sie nicht als Trendopfer dastehen lassen. Denn: Techniken wollen erprobt und nicht nur beobachtet werden und müssen auch zum Typ sowie den Anforderungen des Alltags passen. „Kümmern Sie sich darum" ist die Botschaft in Sachen Make-up.

Die Aufgabe lautet: sich immer wieder aus eigenem Antrieb über neue Produkte und Techniken zu informieren und aus dem breiten Angebot auszuwählen, was für einen das Richtige ist. Wer sich mit Stil befasst, weiß, dass die Bereitschaft, Zeit für Styling und auch das Make-up aufzuwenden, unterschiedlich ist. Eine natürliche Frau wird sich niemals morgens 20 Minuten ins Bad stellen, um sich zu schminken. Dem sollte sie Rechnung tragen und es einer wohlwollenden Beraterin auch unmissverständlich mitteilen. Zu viel Make-up kann eine junge Frau um Jahre älter machen, was gewollt sein mag – bei einer nicht mehr ganz jungen Frau hat es aber denselben Effekt, und dann ist es sicher nicht mehr gewollt. An einer reifen Frau wirken ein dunkler Lippenkonturenstift und dunkle Lippenstifte bei Tageslicht eher bemalt als smart, während softe Farben und weiche Konturen schmeicheln. Das liegt außerdem noch daran, dass Lippen heute weicher geschminkt werden und sich unser Auge daran gewöhnt hat. Leicht glänzende Lippen, die nicht trocken aussehen dürfen, machen übrigens ebenfalls jünger. Für weiche Konturen um Augen und Teint brauchen Sie unbedingt das richtige Werkzeug – erstklassige Pinsel, an denen Sie nicht sparen sollten.

Was also jung oder alt macht, ist nicht zuletzt eine Frage des Zeitgeistes. Die Formel könnte lauten: Die Schminktechnik modern und auf einem aktuellen Stand zu halten und dabei die saisonalen Looks – die bunten Farben, welche die Beauty-Marken promoten – nur mitzumachen, wenn sie eine Bereicherung für den Typ sind.

Denn die oberste Regel in Sachen Make-up bleibt: Weniger ist mehr.

Brillenschlange – Gut (aus-)sehen

Wer die Sortimente im Brillenfachhandel mit Abstand betrachtet, wird eine gewisse Einförmigkeit – manche nennen es auch Trend – nicht übersehen. Die sogenannte „Optikerbrille" folgt einem unsichtbaren Prinzip, das wie mit der Gießkanne über alle Brillenschlangen ergossen wird, wenn nicht Sie selbst und der Fachmann es verhindern. Eine Zeit lang waren es zum Beispiel dunkle Hornbrillen, bevorzugt in Schwarz, mit eckigen Konturen, die schlichtweg allen Gesichtern verpasst wurden, weil sie „furchtbar interessant" machten ... nur dass es auf einmal viele furchtbar interessante Leute gab und der informierte Betrachter bei so markanten Trends rückwirkend das Kaufdatum datieren kann. Eine typgerechte Brille wird Ihr Gesicht prägnanter machen, und ein guter Augenoptiker wird Ihnen auch erklären können, warum. Die ganze Auswahl einer Brillenfassung ist nämlich keine mystische Aktion, sondern pure Berechnung – wie die Gläser auch.

Unauffällig oder als Blickfang? In der Vorauswahl stellt sich die Frage nach der beabsichtigten Wirkung: Soll sich die neue Brille ganz selbstverständlich und unauffällig in das Gesicht einfügen, um die Gesichtsmerkmale hervorzuheben? Dann sind randlose Modelle oder dezente Fassungen richtig, die mit den Linien der Gesichtskontur und den Gesichtszügen harmonieren. Soll die Brille einen Kontrast zu den eigenen Linien bilden, als eigenständiger Blickfang? Dann wählen Sie auffällige Gestelle, deren Form einen Kontrast zur Linie des Gesichts bildet.

Für die Auswahl des richtigen Modells ist das Erkennen der Grundzüge also Voraussetzung: Sie beschreiben das überwiegende Merkmal bei der Betrachtung der Außenkontur des Gesichts und der Linien von Augenbrauen, Augen, Nase und Lippen. Zum Beispiel ist ein ovales Gesicht mit geschwungenen Brauen, mandelförmigen Augen, einer schmalen Nase und volleren Lippen überwiegend weich/ geschwungen, obwohl Augen sowie Nase schmal und geradlinig sind. Man bewertet also immer das überwiegende Merkmal eines Gesichts – geschwungene oder gerade Linien. Entsprechend wählt man in unserem Beispiel die Brille oval (also harmonisch) oder eckig (kontrastierend und auffällig). Wo die Linie wenig ausgeprägt und damit schwer erkennbar ist, sollte man sich an der Form der Augenbrauen orientieren. Geschwungene Brauen mit einer eckigen Brille wirken einfach disharmonisch und sollten mit Bedacht und Bewusstsein gewählt werden.

Hell oder dunkel? Genauso verfahren Sie mit der Farbwahl: Das Gesicht eines hellen Typs wird fast vollständig hinter einer Brille mit sehr dunklem Rand verschwinden – der oder die Betroffene hat so optisch schnell ein „Möbelstück" im Gesicht. Hellere oder sogar transparente Fassungen entsprechen bei diesen Farbtypen dagegen dem Harmonieprinzip. Die schwarzen oder sehr dunklen Ränder sind also eher für dunkelhaarige Typen mit dunklen Augen geeignet.

Wofür auch immer Sie sich entscheiden: Tun Sie es bewusst und überlassen Sie Ihre Optik nicht dem Zufall oder einem Trend. Stil, gerade wenn er mitten im Gesicht stattfindet, sollte nie „im toten Winkel" Ihrer Aufmerksamkeit sein.

Tipps für die Brillenwahl: Der obere Rand Ihrer Brille sollte mit der Linie der Augenbrauen harmonieren, muss aber nicht genau gleich sein, der untere darf die Wangen nicht berühren. Ein hoher Steg verlängert die Nase, ein niedriger verkürzt. Weit auseinanderstehende Augen können mit einem dunklen oder stärkeren Steg optisch näher zusammengebracht werden, engstehende bekommen Distanz durch einen hellen, feinen Steg. Lassen Sie sich in beiden Fällen auch entsprechende Schminktipps für weit- oder engstehende Augen zeigen.

Die Augen sollten in der oberen Mitte der Gläser zu sehen sein. Wie oft werden die Augen von zu kräftigen oder dunklen oberen Brillenrändern gedrückt? Und wie beim Schmuck tragen Sie als zierlicher Mensch kleinere Brillen und als großer Mensch größere Formate. Treffen Sie eine Entscheidung, ob dieses Accessoire, hier also die Brille, ein Eyecatcher sein oder sich dezent in das Gesicht einfügen soll. Im Geschäftsleben ist beides in Ordnung, sofern es Ihre Persönlichkeit unterstreicht und nicht von ihr ablenkt. Daher sind im Business auch die Brillen im Zweifelsfall eher dezent als bunt oder laut zu wählen – es sei denn, Sie möchten bewusst als „der Mensch mit dieser Brille" bekannt werden.

Nagelprobe – Verkaufsentscheidender Moment

Die Präsentation schien gut zu laufen. Nach einem gelungenen Small-Talk kommt der Vertriebsprofi endlich zur Sache und zeigt, was er zu zeigen hat, erläutert wohlgeformte Produkte und deutet auf hochglänzende Grafiken.

Die Kundin, elegant, verhandlungsstark und professionell, nickt, stellt höflich Rückfragen – und lässt sich mit keiner Miene anmerken, dass sie sich gerade eben gegen das Angebot entschieden hat. Der Ausschlag: die Hände. Unser hochbezahlter Vertriebsprofi trug zwar den anständigen Standardanzug aller Manager, dazu sogar ein Hemd mit Umschlagmanschetten und Knöpfen – hatte aber offenbar sonst nicht so viel für Pflege übrig. Die teuren Manschettenknöpfe nämlich betonten die zwar gereinigten aber für einen Mann viel zu langen Fingernägel. Die Kundin schauderte – und der Auftrag kam nicht zustande.

Soviel zu der Bedeutung der Hände. Sie sind und bleiben unsere Visitenkarte. Dabei spielt weniger die Form eine Rolle als ihr Pflegezustand, ihr Druck und ihre Gestik. Sympathie entscheidet sich nicht zuletzt auch durch den Anblick und die Berührung der Hände: im Job, in menschlichen Begegnungen, zwischen Männern und Frauen.

Selbst der gepflegteste Mann verliert an Wirkung, wenn die Fingernägel zu lang sind. Im Vertriebs- und Geschäftsleben, in dem Verdrängung den Markt beherrscht, können solche Details ausschlaggebend sein – wie in unserem Beispiel.

Und die eigenen Hände einer Frau? Das ist eben so eine Sache... Manche Frau ist vielleicht trendanfällig, und Trends haben bekanntlich ihre Tücken. Nehmen wir blauen Nagellack als Beispiel. Für die Dauer eines Sommers war dieses Farbspektrum in allen denkbaren Variationen – von Neongrün bis Azurblau – auf zahlreichen weiblichen Händen zu bewundern. Allerdings wurden die Hände so auch schlagartig zum Mittelpunkt des Stylings, denn Kleidungsfarben aus einer anderen Farbgruppe, etwa Rot, mit den blauen Nägeln zu kombinieren, konnte Frau sofort vergessen.

Was also ein fröhlicher Hingucker in einem sorgenfreien Sommer sein sollte, bekam schnell etwas Komisches, wenn nicht ein paar Spielregeln beachtet wurden:

Anders als natürliche, helle oder rote Farben wirken türkisfarbene Lacke anorganisch und aufgesetzt. So etwas steht jungen Frauen und Mädchen klasse, ist aber nichts für Businessfrauen. Und wirklich gut aussehen wird so eine Farbe auch nur auf einem kurzen Nagel.

Wobei wir hier bei einem ebenso pikanten Detail der weiblichen Inszenierung sind: der Länge der Nägel. Es soll Damen geben, die Tastaturen nur mit den Nagelspitzen bedienen können, weil die Nägel zu lang sind. Gibt man so jemandem die Hand, spürt man direkt die Krallen – kein guter Beginn für ein Gespräch.

Daher sollten Sie unbedingt darauf achten, dass sich die Nagellänge in erster Linie nach der Nagelform und der Qualität des Nagels richtet. Dünne, brüchige Fingernägel sollten ultrakurz getragen werden und gewölbte Nägel müssen gekappt werden, bevor sich die Spitzen nach unten biegen. Nicht umsonst gibt es Berufsgruppen, in denen kurze Fingernägel sogar vorgeschrieben sind, wie zum Beispiel bei Krankenschwestern, Tänzerinnen oder Masseurinnen. Das liegt vor allem daran, dass lange Fingernägel grundsätzlich unhygienischer sind, da mehr Platz vorhanden ist, worunter sich Dreck ansammeln kann. Darüber hinaus besteht besonders in Pflegeberufen sogar Verletzungsgefahr der Patienten durch unvorsichtige Bewegungen.

Künstliche Fingernägel sollten – wenn überhaupt – gut gemacht sein und natürlich aussehen, ohne sichtbares Nachwachsen. Man muss also auch die Zeit investieren, regelmäßig zur Nagelmodelage zu gehen, schon allein wegen der erhöhten Abbruchquote. Gerade in Verbindung mit candy-farbigen Nagellacken wirken sie künstlich und wollen nicht so recht in klassische Berufe passen. Da der natürliche Nagel unter Gel und Klebstoff auch nicht atmen kann, sind künstliche Fingernägel auch keine Lösung bei weichen Naturnägeln.

Diese sehen gepflegt aus, wenn sie sehr kurz und – bei Damen – poliert getragen werden. Das Glätten der Nageloberfläche und das Polieren sorgen übrigens dafür, dass der Nagel stärker nachwächst, kräftiger und schöner wird. Entsprechende Drei-Phasen-Feilen finden Sie im Handel.

Fragt man Männer, dann können sich die wenigsten für Kunstfingernägel erwärmen – schon gar nicht, wenn eine Frau damit ungeduldig auf den Tisch klopft, was ein unverkennbar anderes Geräusch macht als bei Naturnägeln. Ob

Kunst- oder Naturnagel: Klopfen, Kauen an den Nägeln oder Beißen am Nagelbett kann den besten Eindruck zunichte machen.

Es sind eben die kleinen, manchmal unbewussten Gesten, welche die positive Wirkung eines sonst gepflegten Menschen nachhaltig stören können.

Beauty –
Foto, OP und digitale Retusche

Unvergessen: Goldie Hawn als OP-süchtige Schauspielerin in der Midlife-Crisis – Auftakt zur vergnüglichen Komödie „The first wives Club", „Der Club der Teufelinnen" (1996). Worüber damals Nationen lachten, ist nicht erst seitdem Alltag geworden: die mehr oder weniger subtile Manipulation des Körpers.

Ist „Pro" oder „Contra" wirklich eine Frage? Es heißt, manche könnten, wenn sie mit Schönheitsoperationen einmal angefangen haben, kein Ende mehr finden – wie Goldies oben beschriebene Filmfigur, Michael Jackson und viele weitere Stars oder Politikergattinnen, deren Gesichter auf einmal so etwas seltsam Künstliches haben.

Vielleicht muss man die Frage einfach anders stellen. Es geht nicht darum, ob Beauty-OPs in Ordnung sind oder nicht: Wichtig ist, ob man damit sein Gesicht verändern oder es in seinem typischen Ausdruck erhalten möchte. Es geht darum, sich auch mit zunehmendem Alter authentisch schön und wohlzufühlen.

Zum Beispiel, wenn die Augenlider auf einmal den Blick verhängen oder sinkende Wangenhaut eine charakteristisch markante Kinnlinie erweicht. Wir werden nämlich heute so alt und fühlen uns gleichzeitig so viel länger jung, dass manche Menschen das Bedürfnis haben, das junge Gefühl mit dem Äußeren in Einklang zu bringen. Früher, ganz früher, als Medizin noch nicht so weit war und Hygiene etwas für die Aristokratie, war man nämlich bereits verstorben, bevor man Falten, hängende Augenlider und schlaffe Wangenpartien bekam. Die Frauen starben häufig in jungen Jahren an Infektionen oder im Kindbett, die Männer auf der Jagd. Ach nein, das war ja noch früher, aber Sie wissen, was gemeint ist.

Anders ist es auch, wenn Mann oder Frau die Fortschritte der Medizin nutzt, um sich einen tiefen Wunsch zu erfüllen: Das Kind, dass in der Schule wegen seines Doppelkinns oder seiner abstehenden Ohren gehänselt wurde, kann als Erwachsener, oder auch früher, etwas dagegen tun.

Denn gerade in Zeiten von Social Media gewinnt das Bild – als Foto, Film oder reale Begegnung – zunehmend an Bedeutung. Ein schlechtes Foto kostet Sie die kompetente Ausstrahlung. Es ist also wichtig, der eigenen virtuellen Darstellung Sorgfalt zu widmen, denn das Internet vergisst nichts. Falls Sie einmal berühmt oder zumindest sehr bekannt werden wollen, müssen Sie sich schon jetzt vergegenwärtigen, dass spätestens dann Ihre Jungendsünden von Interesse sind – gerade Ihre Fotos.

Offenbar hat die Entwicklung von HD-Kameras, den hochauflösenden *High Definition*-Kameras in der Fernsehwelt, welche das SDTV, das Standard Definition Television, abgelöst hat, auch unseren Blick auf Fotos verändert: Glatte Gesichter durch satte Retusche weichen der manchmal gnadenlosen Definition von Erfahrungslinien, die wir mit unserem Blick des neuen Zeitgeistes auf einmal menschlich und sympathisch finden...

Bild und Bewegtbild gewinnen immer mehr an Bedeutung, ob in den diversen Social-Media-Portalen, auf dem Smartphone oder bei YouTube. Die bildhafte Information erhält gegenüber dem geschriebenen Wort immer mehr Gewicht, wie Filmproduzenten mit freudiger Erregung berichten. Es sei bekannt, dass der Internetnutzer Texte kaum noch lese und die Klickraten auf Fotos und Filme gegenüber denen auf Texte deutlich steigen würden. Dabei wird auch der vorbereitete Film bald hinter dem „Live Streaming" zurückstehen. Daher lohnt es sich umso mehr, die eigene Darstellung im Bildformat genauer zu beleuchten.

Fotos für eine kompetente Wirkung: Für gute Fotos, mit denen Sie an die Öffentlichkeit gehen – und was ist öffentlicher als das World Wide Web? – darf es schon ein ausgesuchter guter Fotograf sein, der sich genügend Zeit für

Sie nehmen sollte. Das Besondere einer Person lässt sich einfach nicht in ein paar Minuten einfangen, sondern verlangt ein Vorgespräch und eine Aufwärmphase vor der Kamera, damit Sie sich entspannen und ganz Sie selbst sein können. Es dauert einfach, bis Menschen ihr aufgesetztes Fotogesicht fallen lassen.

In Ihrer eigenen Vorbereitung denken Sie an genügend Schlaf und salzarme Kost am Tag vorher, und versetzen Sie sich in eine gute Grundstimmung – denn ein gutes Foto beginnt im Kopf. Achten Sie auf ein gutes, natürliches Make-up – auch als Herr dürfen Sie ein wenig Puder gegen hektischen Glanz einsetzen – oder gehen vorher zu einem Visagisten. Ihre Haare sollten noch nicht herausgewachsen, aber auch nicht frisch geschnitten sein, denn erst nach ein paar Tagen und etwa zwei bis drei Haarwäschen findet die Frisur ihre Fasson. Bringen Sie mehrere Outfits mit, in denen Sie sich wohlfühlen und die Ihren Beruf perfekt repräsentieren. Ein Architekt braucht nicht in Krawatte dazusitzen, das würde sogar fast unglaubwürdig aussehen. Hemd und ein modisch geschnittenes, perfekt sitzendes Sakko reichen. Umgekehrt können Sie Kompetenzmerkmale wie Blazer, Blusenkragen oder auch Brille und Accessoires nutzen, wenn es der Darstellung Ihrer Qualifikation und Ihrem Image dient.

Besprechen Sie den passenden Hintergrund mit dem Fotografen: Ist er farbharmonisch mit Ihren Farben, hell oder dunkel? Testen Sie aus, was Sie kompetent wirken lässt, und achten Sie dabei auch auf die Pose: Auf dem Schreibtisch sitzend – manche Fotografen kommen auf diese Idee – wirken Menschen eher komisch als kompetent, da sie die Position nicht gewohnt sind.

Lassen Sie sich gerade als Frau unter keinen Umständen von schräg oben fotografieren. Diese Perspektive macht sie augenblicklich von der Managerin zur Schülerin.

Wer öfter abgelichtet wird, kennt sich im Jargon der Beauty-Fotografen ein bisschen aus. Als digitale Fotografie noch kein Thema war, bestand die Kunst des Fotografen darin, die charakteristischen Eigenschaften eines Gesichtes zu erkennen und auf Celluloid zu bannen. Licht und Make-up (Maske) spielten eine genauso wichtige Rolle wie der Winkel der Kamera, der Hintergrund, die Stimmung zwischen Künstler und Objekt und die ISO-Zahl des Filmmaterials. Ein guter Fotograf war eben einer, der das alles konnte: Einen Menschen oder auch eine Sache durch Inszenierung interessant, fesselnd und gut aussehen zu lassen. Suchen Sie genau so einen Fotografen. Manchmal verbrachte man Stunden damit, lächelnd darauf zu warten, dass der Fotograf die Feineinstellung gemacht hatte, bevor er abdrückte, denn Filmmaterial war teuer – aber das Ergebnis der Sorgfalt war es wert.

Vorsicht vor zuviel Retusche: Heute ist das alles anders. Ein misslungener Schuss wird einfach wieder gelöscht, und Fotografen werben damit, „besonders gut in der digitalen Retusche" zu sein. „Gut" sind sie dann so gründlich, dass öffentliche Fotos in Facebook, Xing und Co. eine verdächtige Einheitlichkeit erhalten. Da strahlt ein faltenfreies Lächeln aus dem Profil eines gestandenen Mittfünfzigers – oder die Bewerberin auf den Top-Job erscheint mit zehn Kilogramm mehr zum Vorstellungsgespräch, von denen durch die Bearbeitung des Fotos nichts zu sehen war. Das darf Ihnen nicht passieren. Besprechen Sie daher mit dem Fotografen, wie viel oder wenig Bearbeitung Sie erwarten. Etwas mehr Körpergewicht spielt für die Qualifikation nämlich keine Rolle – und muss daher auch fürs Bewerbungsfoto nicht weggemogelt werden. Anders als bei diversen Topmodels, die ihre Figur unter anderem der Photoshop-Diät zu verdanken haben...

Gerade wenn Trends wie *Size Zero* aus Hollywood zu uns herüberschwappen, ist es besser, den Weg des eigenen guten Stils zu gehen. Für sehr junge Menschen, die Vorbilder suchen, ist genau das wichtig zu lernen und will thematisiert werden: Auch in Sachen Körper gibt der eigene Stil den Ton an, nicht die Moden. Und den Rest erledigt dann geschickte Kleidung – so wie früher.

Stilvoll altern

Die Sache mit Dorian Gray – Gewohnheit prägt

Schleichend, meist ab Ende Dreißig, erfahren die Komplimente, die man uns macht, eine sonderbare Wandlung. Während die bildhübsche Zwanzigjährige süß, sexy und bezaubernd genannt wird, erkennt man ihren männlichen Counterpart als markant, lässig oder cool. Ein paar Jahre später bezeichnet unsere Gesellschaft beide als „schön", weil sich das Vokabular zur Beschreibung von Menschen mit deren Alter ändert. Und dann?

Gutaussehende, gepflegte, interessante, charaktervolle und charismatische Persönlichkeiten ab Vierzig müssen sich auf einmal anhören: „Du hast dich gut gehalten!" Die Frage ist nur: Gehalten – woran oder im Hinblick worauf? Wo liegt der Maßstab, und was genau gilt es eigentlich zu halten? Liegt die Messlatte im Dschungel des journalistisch beschworenen Jugendwahns?

Gerade bei hochsommerlichen Temperaturen dürfen wir an vielen jungen Männern und Frauen Ansichten genießen, die so gar nicht zur nostalgischen Rückschau motivieren: Ungepflegte Haut, Rettungsringe auf Höhe der Nieren, eine schlechte Körperhaltung und Cellulite, die eigentlich erst einige Jahre später auftauchen dürfte, lassen die drängende Frage aufkommen: Ist es das, was es zu halten gilt? Und wie werden sie wohl in zwanzig Jahren aussehen?

Natürlich kommt nicht jeder mit Modelgenen auf die Welt. Ein sensibles Bindegewebe oder diverse andere Tücken der Genetik bekommt man nun mal einfach mitgeliefert. Unbestellt, versteht sich. Es kommt aber darauf an, was man daraus macht. Auch und vielleicht gerade schon mit Zwanzig ...

Viele der ungeliebten optischen Eigenheiten beruhen nämlich auf schlechten Gewohnheiten. Wer allabendlich mit Kissen im Rücken und in Schräglage das Kinn auf die Brust klemmt und Romane liest, darf sich nicht wundern, wenn sich, auch wenn er oder sie sonst schlank ist, statt des leichten Polsters unter dem Kinn ein echtes Doppelkinn manifestiert.

Denn es sind tatsächlich die kleinen Dinge und regelmäßigen Gewohnheiten, die einen Körper formen oder das genaue Gegenteil bewirken. Als echter „Spätzünder" zeigt der Körper die Folgen Ihres Tuns oder Nicht-Tuns allerdings erst zeitversetzt. Das wusste schon Oscar Wilde: Was Sie heute für Ihren Körper tun – oder nicht tun –, sieht man ihm in zehn Jahren an. Wilde ließ den Protagonisten seines Romans ausschweifend leben und sein Gemälde statt seiner altern.

Der Sonnenbrand von heute ist also unsere unliebsame Überraschung von morgen, wenn uns scheinbar „über Nacht" entstandene Falten im Spiegel begegnen. Und dass die regelmäßig genossene Schokolade von heute das Pölsterchen von morgen ist, ist ja reichlich bekannt.

Das Tolle daran: Umgekehrt funktioniert das genauso. Die regelmäßige Bewegung, und wir reden hier nicht von Leistungssport, sowie die kleine Disziplin im Alltag sind unser Kompliment von morgen. Meistens bringen 15 Minuten täglich mehr als zwei Stunden pro Woche, egal ob wir Sport, Hautpflege oder Gedächtnistraining betreiben. Tägliche Gymnastik kann man beispielsweise weltweit in jedes Hotelzimmer mitnehmen – ohne Mehrgepäck. Und mit einer gewissen Körperspannung und einer guten Haltung sieht ohnehin alles ganz anders aus.

As time goes by –
Was wir von Age-Models lernen können

Ein gutaussehender junger Mann musste er gewesen sein. Die bernsteinfarbenen Augen boten einen spannenden Kontrast zu gebräunter Haut und silbernem Haar und ließen den Glanz seiner Jugend erahnen. Heute allerdings wirkten die jugendlichen Symbole, das längere gewellte Haar und die zu enge Jeans zum Anzugjackett etwas unvermittelt. Billige Visitenkarte auf dünnem Papier, undisziplinierte Körpersilhouette und ungepflegte Erscheinung: Der in die Jahre gekommene Herr, der sich bei einem Businessevent als Finanzberater vorstellte, hatte genau das, was man bei einem Menschen, dem man sein Geld anvertraut, nicht sucht.

Das eigene Alter kann und sollte man nicht verstecken: Jeder kommt dran. Man kann aber sicherlich etwas für die Würde tun, in der Mann oder Frau altert. Einerseits lassen wir uns von Werbung, Mode und der „Casualisierung" des textilen Zeitgeistes immer mehr in Richtung sportlich-jugendlicher Outfits verführen. Andererseits – und vielleicht sogar glücklicherweise – ruft die demografische Entwicklung eine neue Gattung von Vorbildern auf den Plan: die Age-Models. Das sind meist sehr gepflegte und vitale Persönlichkeiten ab 45, bei manchen Agenturen ab 39 Jahren, die eine Gemeinsamkeit teilen: Sie haben sich dem Lauf der Zeit nicht tatenlos hingegeben und gleichzeitig gelernt, zu ihren Jahren zu stehen. Das eine sorgt für harmonische, nicht zwingend schmale Körperkonturen und gepflegte Falten – das andere für Ausstrahlung.

Auch Age-Models merken, dass der Körper seine Pfunde jenseits der 35 nicht mehr ohne Widerstand abgibt. Sie erfahren auch, dass Haut und Haare nach der Menopause weniger Glanz haben – lange Haare werden dann strohig, wenn sie nicht gezielt gepflegt werden – und dass sich der Körper für durchtanzte Nächte rächt. Aber sie klagen nicht, sondern nehmen den Umstand als gegeben hin und richten ihre (Pflege-)Gewohnheiten danach. Statt also die eigene Körperkontur mit denen Jugendlicher zu vergleichen und sich resigniert abwendend der Seelen-Schokolade zu widmen, wenden sie sich wahlweise der einen oder anderen „Ersatzdroge" zu und haben dabei Spaß – ob im Kino, beim Tanzen, Wellness oder Sport. Letzteres hilft nämlich auch noch, das ungeliebte Extrapfund straff und dem Alter entsprechend ästhetisch aussehen zu lassen.

Wirklich attraktiv sind nämlich nicht hervorstehende Beckenknochen, sondern Menschen, die mit ihrem Körper im Reinen sind – drei Kilo hin, Konfektionsgröße her. Dass sich dieses Wohlgefühl mit dem eigenen Körper einstellt, ist übrigens ab Vierzig wesentlich wahrscheinlicher als Jahre vorher – ein echter Vorteil des Älterwerdens!

Wahre Best-Ager, wie die Werbebranche sie nennt, haben auch kein Problem mit der Verantwortung als Vorbild der Würde. Warum mit Reizen spielen, die keine mehr sind? Der Minirock der Tochter, eine Jeans mit Löchern – nichts gegen Jeans! – oder rückenlanges Haar, womöglich noch mit Silberfäden, machen nämlich im Kontrast noch älter. Mit einem alters- und zeitgemäßen Schnitt wirkt glänzendes, glattes und durchweg silbergraues oder sogar weißes Haar, das sich durch prominente Vorbilder inzwischen zunehmender Beliebtheit erfreut, souveräner. Spannend ist dabei auch der Wandel des eigenen Kleiderstils, sobald Frau sich von der Rapunzelmähne trennt und auf eine trendige kürzere Frisur umsteigt. Sie kann damit nämlich viel weiblichere Kleidung tragen, ohne dabei in den Lolita-Chic zu verfallen. Etuikleider, Rock, Seidenbluse und Perlen wirken dann auf einmal modisch – und nicht gewollt weiblich. Auch das haben Age-Models begriffen.

Es gibt viele davon, mehr als wir meinen. Wir brauchen also nicht zu warten, bis sie die Modemagazine fluten. Werden Sie doch einfach selbst Teil der neuen Community und setzen Sie einen Trend...

Was (nicht) alt macht – Garantierte Rezepte

Wer die Frage, was alt aussehen lässt, fair beantworten und ein System dahinter erkennen will, muss lange grübeln. Sind es bestimmte Muster und Farben, die uns Jahre kosten? Kleidungsstücke, die wir einfach auf die No-go-Liste setzen können? Spontan fallen mir dazu Steppjacken ein. Die aber können in der richtigen Steppung und einer guten Farbe an einer jungen Person mit schmaler Silhouette richtig gut aussehen. Und seit der Geburtsstunde des Sneakers-Hype hat auch der Gesundheitsschuh ein anderes Image. Also weiter suchen...

Peinliche Verjüngungsmaßnahmen: Kontrast betont. Das ist großmütterliche Weisheit. Während also ein Teenager im Altherren-Tweed absolut smart aussehen kann, adelt der britische Klassiker seinen Großvater noch lange nicht. An reifen Personen muss er nämlich mit jungen Elementen kombiniert werden, damit er nicht „verstaubt" wirkt – zum Beispiel mit einer dunklen Jeans. Umgekehrt werden zerrissene Bluejeans, Rucksäckchen statt Handtasche, Jeansjacke an überreifen Männern und der Girlie-Look mit ausgestellten kurzen Röcken oder anderen neckischen Statements irgendwann peinlich. Gerade Frauen, die voll im Berufsleben stehen und auch stilistisch sehr genau wissen, was sie wollen, tappen schnell in die Falle der juvenilen statt femininen Attribute, wenn sie sich für Abendanlässe einkleiden.

Zugespachtelte Gesichter: Irgendwann kommt der Punkt, an dem ein Gesicht keine Farbe mehr, sondern nur noch gekonnte Konturierung vertragen kann. Der leuchtend rote Lippenstift, der mit Zwanzig noch ein Knaller war, verliert sich irgendwann in den Kräuselfältchen der Lebenserfahrung und wirkt wie ein Gemälde aus Schleuderfarbe: alles verläuft. Lippenkonturenstifte, womöglich noch dunkler als der Lippenstift selbst, und zu dunkle Lippenfarbe machen genauso alt wie pastöse Make-up-Texturen, die sich treffsicher in jeder Mimikfalte absetzen und diese noch betonen. Je älter Frau wird, desto wichtiger ist es, hellere Lippenstiftfarben und leichte Grundierungen mit hoher Deckkraft zu finden, denn sie schützen die Haut und ebnen den Teint, was optisch jünger macht. Zu viel Make-up, reichlich Puder und harte, lineare Konturen dagegen sorgen garantiert für eine antike Optik.

Trends aus vergangenen Dekaden: In der schnellen Entwicklung unserer Zeit werden ein paar Jahre schon zur Epoche – jedenfalls stilistisch. Das bedeutet, dass gelebte Trends, die ein paar Jahre her sind, schnell alt machen können. Man sollte Ihnen nie an Frisur oder Styling ansehen können, wann Sie jung waren. Modische Neuauflagen der 60er, 70er und 80er werden nämlich nur in ihren Grundzügen wiederbelebt – aber ganz anders kombiniert und in neuen Stoffen umgesetzt. Darum funktioniert das „1:1-Revival" der eigenen Jugendtrends nie – jedenfalls nicht in der Kleidung. Musik aus der eigenen Jugend zu hören, ist dagegen eine geliebte nostalgische Zeitreise, die glücklich machen kann.

Die Fönwelle oder die tuffige Volumenpracht der späten 70er- und frühen 80er-Jahre, die damals als Symbol für Vitalität galten, wirken heute eher wie ein Kaffeewärmer. Seitdem hat sich der Einsatz von Dauerwellen drastisch minimiert. Der lockenfreie Sleek Look, der „schmale Kopf", verjüngt hingegen bis heute nicht nur prominente Eurovisions-Gewinnerinnen. Denn wer möchte schon als Fossil seiner Jugend herumlaufen?

Bestimmte Kombinationen aus Mustern und Farben: Die Zeiten, als Lila „der letzte Versuch" genannt wurde, sind lange vorbei. Vielleicht hat unsere Oma von ihrer Großmutter noch gelernt, dass man im Alter sanftere Farben trägt, wenn nämlich die gesamte Pigmentierung heller wird und nach blasseren Nuancen ruft. Doch wer heute Anwärterin auf den Posten der jung gebliebenen „Super-Omi" sein will, ist davon weit entfernt. Jenseits von Koloration und Fitnessstudio tragen Oma und Opa in spé nämlich einfach, was ihnen gefällt. Das kann durchaus ein damenhaftes Lavendel sein – aber nicht gestrickt und schon gar nicht aus Bouclé-Garn. Das kann ein herrenhafter Hut sein – aber eben nicht in taubenblau und schon gar nicht kariert. Wichtig ist: je gedeckter die Farbe, desto klarer das Material. Je gemusterter ein Kleidungsstück, desto schlichter oder glatter der Rest.

Körperhaltung und Körpergewicht: Eine aufrechte Körperhaltung strahlt Dynamik aus, welche mit Jugend assoziiert wird. Denn Muskeln, die unter anderem auch die Körperhaltung tragen, werden mit zunehmendem Alter abgebaut. Spätestens, wenn auch das Unterhautfettgewebe des Gesichts der Schwerkraft folgt und Mann oder Frau nicht zur Schönheits-OP greifen wollen, stellt sich für viele die berühmte Frage nach der „Ziege oder der Kuh". In einem hageren Gesicht – bildlich analog zu dem der Ziege – wirken Erfahrungslinien deutlich zerfurchter als auf dem von Unterhautfett gestrafften Gewebe eines Menschen, der Essen auch mal genießt. Zu viel Körperfülle dagegen – und wir reden hier nicht von den üblichen drei Kilo mehr – lässt schnell behäbig und unbeweglich erscheinen. An einer jungen Person mit glatter Haut wiegt Übergewicht noch nicht so schwer, später, ab einem gewissen Alter aber schon. Wenn Sie also damit beginnen, „die schönste Sache der Welt" und weitere körperliche Aktivitäten durch Kuchen zu ersetzen, sollten Sie aufhorchen. Gerade im Alter sollten Mann und Frau in jeder Hinsicht körperlich aktiv bleiben.

Zu große oder zu kleine Kleidung: Beides ist auch an jungen Menschen nicht empfehlenswert. Eine zu klein gewählte Passform zeichnet gnadenlos jedes Gramm nach und das Gewebe wird mit zunehmendem Alter nicht straffer.

Irgendwann beginnen sich die Linien nach unten zu neigen, zum Beispiel in der seitlichen Rückenpartie.

Alte Menschen verlieren oft an Körpervolumen, insbesondere an Schulter und Brustkorb, was den Körper ebenfalls aus der Form bringt und dazu führt, dass die Sachen von früher nicht mehr sitzen, weil sie am Körper herunterhängen. Da müssen neue her! Denn Kleidung, die zu groß ist, lässt alte Menschen älter, junge Menschen jünger – und beide etwas hilflos – wirken. Souverän wirkt in jedem Alter, wer Kleidung trägt, die passt.

Pflege, Körperpflege und Haarfarbe: Augenblicklichen Seniorenstatus verleihen diese – änderbaren – Signale der äußeren Erscheinung: abgetragene Kleidung, betonierte und zu damenhafte Frisuren sowie zu harte oder dunkle Haarfarben, insbesondere wenn der silberne Haaransatz schon nach zwei Wochen wieder sichtbar wird. Dagegen sind weiche und hellere Haarfarben, die das depigmentierte weiße Haar nicht flächig überdecken, sondern zum Teil der Haarfarbe machen, schmeichelhafter.

Als Senioren outen sich auch Herren, die den im Alter stärker wachsenden Haaren an Augenbrauen, in der Nase und in den Ohren nicht den Kampf ansagen. Die wollen öfter als früher gestutzt werden, genauso wie die Nackenpartie. Der Körper verändert sich im Laufe der Jahre, verhält sich und reagiert anders. Die täglichen Pflegegewohnheiten sollten das berücksichtigen, indem man die genannten Partien öfter kontrolliert. Ein älter werdender Körper will nicht weniger, sondern mehr Aufmerksamkeit – und mehr Pflege. Wenn die Augen nicht mehr so scharf sehen, gibt es genug Spezialisten, die das übernehmen, zum Beispiel Fußpfleger, die einem Verrenkungen ersparen, oder Friseure, die auch „nur Haare waschen", wenn das Ganze unter der Dusche zu mühsam wird. Das gleiche kann auch für das Gesichtshaar gelten, Mann braucht sich nur zum Barbier zu bewegen.

Geistige Haltung: Man spricht von „garstigen Greisen", wenn Menschen in späten Jahren unleidlich und ungenießbar werden. Es gibt kein Recht, das man sich mit dem Alter erwirbt, welches es erlauben würde, seiner Umwelt grummelnd und unhöflich zu begegnen. Die bereits angesprochene „Grace of mind", die Eleganz des Geistes, gilt auch im Alter. Wer mit sich und seinem Leben unzufrieden ist, sollte die Lücken, die dazu führen, ansehen und Versäumtes schnell nachholen. Umstände lassen sich nicht immer ändern – aber die Haltung dazu. Denn alt wirkt, wer sich irgendwann für „fertig" hält und die Neugier auf das Leben und andere Menschen verliert.

Für Menschen jeden Alters sowie andere Kulturen offen zu sein und ihnen Wertschätzung entgegenzubringen, hält jung und lebendig – unabhängig vom Alter.

Sicherlich fallen Ihnen noch mehr Dinge ein, die alt machen. Vielleicht haben Sie an sich selbst bereits festgestellt, was Sie verändern möchten, um geistig und körperlich fit zu bleiben. Fest steht: Alt sein ist eine Sache – alt aussehen und wirken eine andere.

Forever young –
Denn Sie wissen, was Sie tun

Was tun wir nicht alles, um die Zeit anzuhalten. Die Waffen: Wasserstoffperoxid im Kampf gegen Silberfäden, Alibisport gegen die Gourmetwölbung, das Skalpell gegen verräterische Wangenkonturen … und tonnenweise Cremes oder Lotionen gegen Erfahrungslinien. Der Feind: Zeit und Schwerkraft.

Der Wunsch des Menschen, die Zeit unsichtbar zu machen, mobilisiert ganze Industrien. Zugegeben: Es macht einfach Spaß, attraktiv zu sein. Alterslos. Deshalb kämpfen wir ihn alle – den Kampf gegen die eigene Vergänglichkeit.

Zwar hat die Beauty-Szene ein reichhaltiges Angebot parat, um Ihnen den Kampf angenehm zu machen, eingebettet in samtige Texturen aus porzellanenen Tiegeln. Bevor Sie sich aber an die durchaus vergnügliche und lustvolle Auswahl der wirkungsvollsten Waffen machen, sollten Sie vielleicht einige Basics über Ihr größtes Organ – die *Haut* – kennen, um zu verstehen, wo was wirken kann und wo nicht: Unsere Haut besteht aus drei Schichten: der Epidermis (Oberhaut), der Dermis (Lederhaut) und der Hypodermis (Subcutis) – drei Hebel, um mit Hautpflege anzusetzen.

Die **Epidermis** ist wachstumsfähiges Zellgewebe, dessen Funktion der Schutz der darunterliegenden Hautschichten ist – zum Beispiel, wenn sie bei Sonneneinstrahlung eine stärkere Verhornung, die Lichtschwiele, aufbaut. An ihrer Basalschicht sitzen die Melanozyten, welche das bräunende Pigment Melanin bilden. Hautverfeinernde kosmetische Produkte wie Fruchtsäuren, Peelings und Co. sollten Sie im Sommer daher nur verhalten benutzen, um eben diesen Hautschutz intakt zu halten. Die Epidermis – und nur sie – ist die Hautschicht, in der Reinigung und Pflege überhaupt wirken können. Hier funktionieren vorübergehende Wasserbindung, zum Beispiel durch Feuchtigkeitscremes, und der UVB-Schutz. Das ist auch der Grund, weshalb man Trockenheitsfältchen „wegcremen" kann, Falten aber nicht – denn die sitzen tiefer.

Und wie bei allem, was man tut: Kontinuität in der Pflege bringt mehr als der Preis der Maßnahme. Nur in dieser obersten Hautschicht können Sie also etwas für eine frischere Hautfarbe, ein feines Porenbild, ein sattes Hautgefühl oder etwas gegen eingewachsene Haare tun.

In diesem Zusammenhang ein kleiner Hinweis zu Cremes für reife Haut: In der Regel handelt es sich um Wasser-in-Öl-Emulsionen. Wenn die Moleküle des Öls so groß sind, dass sie von der Haut nicht mehr aufgenommen werden, kann es schnell passieren, dass sich die Haut direkt nach dem Auftragen zwar samtig anfühlt, besonders, wenn viele Silikone in der Creme sind, sie kurze Zeit später aber wieder spannt, weil sie unter dem Ölteppich ... pardon! ... dem Ölfilm keine Feuchtigkeit mehr bekommt. Mit „reichhaltigen Cremes" können Sie Ihre Haut also regelrecht ausdürsten.

Sonnenstrahlung besteht aus kurzwelligen UVB- (wie Braun) und langwelligen UVA- (wie Alt) Strahlen, welche die unter der Epidermis liegende **Dermis** erreichen. UVA-Schutz, den Sie auftragen, beugt also in erster Linie einem Elastizitätsverlust in dieser Hautschicht vor, der sonst zu den bereits erwähnten Falten führt, die sich mit keiner Creme der Welt wieder glätten lassen. Die Dermis enthält elastische und Collagenfasern, Gefäße und Drüsen, sie trägt und unterhält die Epidermis. Bitte achten Sie daher beim Kauf Ihres Sonnenschutzes darauf, dass ein UVA-Schutz gekennzeichnet ist. Richtiger UV-Schutz bedeutet heutzutage: mindestens Faktor 15, zum Beispiel durch Titandioxid oder Zinkoxid, am besten auch im Winter. Dazu kein Alkohol im Gesicht – Achtung: Parfum oder Rasierwasser! – und möglichst wenig mechanische Beanspruchung durch „Drücken" oder Rasurverletzungen, damit es keine Pigmentstörungen gibt. Das ist das Rezept für längere Hautelastizität und eine möglichst glatte Haut mit gleichmäßiger Färbung.

Über die **Subcutis** wirkt schließlich alles, was wir über die Nahrungsaufnahme für uns tun. Essenzielle Fettsäuren, Vitamine E und C, aber auch Medikamente wie Pille, Antibiotika und Antidepressiva erreichen den Körper in der Regel von innen und nicht über eine Creme. Was so stark dosiert ist, dass es, zum Beispiel wie bei medizinischen Pflastern, über die Hautschichten aufgenommen wird, gehört nicht in die Kosmetik, sondern ist apotheken- oder verschreibungspflichtig. Johanniskraut, bekannt für seine stimmungsaufhellende Wirkung, das man einnimmt, begünstigt übrigens Pigmentstörungen. Die Schutz- und Isolationsschicht Subcutis bleibt aktiv, wenn sie die genannten Nahrungsergänzungsmittel und Medikamente nur kontrolliert einsetzen, sie durch Sport, Sauna und Massagen bei Laune halten und Rauchen vermeiden. Denn Rauchen wirkt sich auf den ganzen Körper negativ aus: auch auf Farbe, Spannkraft und Eigenduft der Haut. Was unsere Haut dagegen definitiv frischer und glatter aussehen lässt, ist regelmäßige Bewegung an frischer Luft, wie schon unsere Großmütter wussten. Das gilt noch heute – und heute mehr denn je mit Sonnenschutz, besonders an Händen, am Hals und Dekolleté. Sie verraten das Alter eines Menschen nämlich schneller als das Gesicht.

Die Belohnung für die gute Pflege von innen sind eine aktivere Zellteilung, eine gesunde Ausstrahlung der Haut und eine frische, gleichmäßige Hautfarbe. Studien haben gezeigt, dass eine gleichmäßige Hautfarbe jünger aussehen lässt und Lachen die schönsten Falten macht.

Behandeln Sie Ihre Haut einfach wie Ihren teuersten Schmuck. Denn sie vergisst nichts: Was Sie heute tun, so sehen Sie morgen aus!

Stilvoll benehmen

„You can say you to me" – Das globale „Sie"

Die Globalisierung ist, samt ihrer sprachlichen Vereinheitlichung, mittlerweile in nahezu jedem deutschen Unternehmen angekommen, egal welcher Branche. Nur das Tempo mag in manchen Bereichen noch sehr unterschiedlich sein: Wo die Internet- und Telekommunikationsszene bisweilen das kategorische „Du" von ihren Vorständen ausgerufen bekam, müssen sich alle anderen Unternehmen mit der internen Ansprache spätestens dann befassen, wenn ihre Aktivitäten den deutschsprachigen Raum verlassen. Daher stellt sich die Frage: Welche Art der Ansprache ist noch deutsch und welche schon international genug?

Menschen „hören" besser auf den Vornamen: In den meisten Ländern, in denen Englisch gesprochen wird, gilt die Ansprache mit Vornamen traditionell als Geschäftsstandard. Und das ist sinnvoll: Die meisten Menschen werden auf Anrede mit ihrem Vornamen viel spontaner reagieren, weil sie mit ihm eine längere Verbundenheit pflegen als mit ihrem Nachnamen. Der Vorname hat immerhin den ganzen Vorsprung einer Kindheit. Und in der nachfolgenden Generation hat das „Sie" ohnehin den Geruch des Verstaubten. Die Manager der Zukunft leben das „Du". Da kann es schon mal passieren, dass ein Berufseinsteiger seinem Chef ungeahnt das „Du" anbietet, weil er auf „Guten Morgen, Herr Müller" mit „Sie dürfen mich gerne Benjamin nennen" antwortet, was den Boss irritieren dürfte. Steht uns nun also das ewige „Du" bevor, oder ist die Anrede abhängig von Branche und Position?

Respektvolles „Sie": Bis die Generationen das Miteinander geregelt haben, braucht es jedenfalls eine Spielregel, mit der sich intern und international gut arbeiten lässt. Was tun Sie also, wenn Sie am Verhandlungstisch einen Amerikaner, zwei Engländer und drei Deutsche sitzen haben? Wer adressiert wen wie in diesem Szenario?

Die Deutschen, die sich bisher beim Nachnamen nannten, können unmöglich – auch nicht untereinander – im „Frau-" oder „Herr-Becker"-Modus bleiben, wenn Charles, Justin und John sie mit Klaus, Michael und Tim oder auch Nadja, Bettina und Lisa ansprechen möchten. Die Höflichkeit verlangt, das Gespräch auf eine Ebene und damit auf die einheitliche Anrede mit „Sie" und Vornamen zu bringen, denn das „You" in der Geschäftssprache ist nichts anderes als unser respektvolles „Sie".

Rechtzeitig klären: Weitsichtige Unternehmen mit internationalen Ambitionen klären die Frage der Anrede, bevor Charles, Justin und John am Flughafen eintreffen. Wenn sie wieder abgereist sind, bleibt zu definieren, wie die interne Anrede im Alltag gehandhabt wird. In unserem Kulturkreis wird das „Du" bevorzugt bei Beschimpfungen oder beim Fluchen verwendet. „Du Mistkerl" sagt sich einfach flüssiger und soll bewirken, dass sich der Adressat persönlich getroffen fühlt. Es dient aber auch als Signal in zwischenmenschlichen Beziehungen, um Nähe und Vertrautheit zu fördern. Umgekehrt funktioniert das „Sie" hervorragend, um Distanz herzustellen: Selbstverteidigungskurse raten beispielsweise, einen Aggressor mit „Hören Sie damit auf!" auf Abstand zu bringen.

Nach diesen Überlegungen hat das Englische „You" als „Sie" definitiv das Zeug zur internationalen Karriere, wenn wir auch gedanklich die Distanz der Höflichkeit darin erkennen und mit der persönlichen Augenhöhe des Vornamens verbinden.

References upon request – Stilvoll bewerben

Langsam beginnt sich Joachim unbehaglich zu fühlen. Jo, seines Zeichens aufstrebender Jungmanager, war mit viel Elan und der Gewissheit des sicheren Sieges in dieses Gespräch gegangen. Es ging um eine neue Position in seinem Unternehmen, in dem er seit drei Jahren – es war seine erste Stelle nach dem Studium – tätig war. Nun wollte die nächste Karrierestufe erklommen werden, und da ihm sein Chef grünes Licht signalisiert hatte, stand der Beförderung nichts mehr im Weg... Dachte er. Im Moment des Unbehagens sitzt Joachim nämlich dem Personalchef des Unternehmens gegenüber, der unglaublich gut vorbereitet ist. Was er für eine vergnügliche Unterhaltung mit sicherem Ausgang gehalten hat, entpuppt sich nun als unbequemes, knallhartes

Bewerbungsgespräch, bei dem sein Gegenüber wirklich nachhakt.

Joachim, gutaussehend, mehrsprachig und Ende Zwanzig, hat nämlich während seines Studiums der Wirtschaftswissenschaften keineswegs nur gebüffelt! Während des Auslandssemesters in Spanien hat er sich zum Beispiel auch mit dem „Studium" diverser Fiestas und ihrer Vergnügungen befasst.

Das scheint ihm nun zum Verhängnis zu werden: Nicht dass es etwas gegen Landeskultur, Spaß und überhaupt gegen Feste zu sagen gäbe, findet der Personalchef. Aber musste er sich unbedingt dabei von seinem Kommilitonen fotografieren lassen – und die unvorteilhaften Partyfotos dann auch noch auf Instagram einstellen? Er fragt Joachim, wie er das mit der Vorbildfunktion in seiner ersten, gerade angestrebten Führungsaufgabe vereinbaren wolle.

Bei genauerem Hinsehen, konstatiert der Personalchef, der nun in Fahrt gekommen ist, seien die Bewerbungsunterlagen verglichen mit denen externer Bewerber relativ dürftig und hätten für eine neue Position, auch wenn sie im eigenen Unternehmen ausgeschrieben sei, ruhig aktualisiert und profiliert werden können. Ob er wisse, dass mit steigender Verantwortung und zunehmenden repräsentativen Aufgaben auch auf Stil, gepflegte Umgangsformen und tadellose Kleidung geachtet werde?

Jo versucht die nicht geputzten Schuhe aus dem Blickfeld seines Gegenübers zu nehmen und errötet. Zu Beginn des Gespräches hatte schon der unüberhörbare Signalton einer eingehenden Nachricht verraten, dass er versäumt hatte, das Handy auf stumm zu stellen...

Peinliche Situationen wie diese sind Klassiker der Zukunft. Wo Bewerbungen früher noch beim ersten Telefonat oder dem ersten Einladungsschreiben auf eine Anfrage begannen, setzen sie heute viel früher an: bei Ihren privaten Profilen in den sozialen Medien. Denn es ist längst üblich, dass potenzielle Arbeitgeber Portale wie Facebook, Instagram oder Twitter zur Recherche heranziehen, um sich ein Bild von den Kandidaten zu machen. Referenzen werden heute eben nicht mehr nur auf Anfrage gegeben. Sie stehen im Internet. Damit wird Ihre Bewerbung gleichzeitig auch zur Identitätsprüfung und zum Charaktertest – heute mehr denn je.

Deshalb ist wichtig: Überlegen Sie sorgfältig, welche Informationen Sie von sich preisgeben möchten und ob es tatsächlich nötig ist, Bilder aus der Freizeit einer breiten Öffentlichkeit – und damit auch ihrem nächsten möglichen Arbeitgeber – zugänglich zu machen. Auch wenn es sich gut anfühlt, der Welt zu zeigen, was man alles erlebt hat, sollten Sie immer darauf achten, sich selbst professionell genug zu zeigen, um spätere, peinliche Situationen wie die von Joachim zu vermeiden. Selbstmarketing und die Pflege des eigenen Images fangen genau hier an – und sind längst nicht mehr nur Angelegenheit von Prominenten.

Sich stilvoll zu bewerben setzt voraus, dass Sie sich mit der Zielbranche im Allgemeinen und dem angesprochenen Unternehmen im Besonderen gründlich auseinandergesetzt haben. Massensendungen von standardisierten Bewerbungsschreiben und Lebensläufen bringen nichts außer einer hohen Retourenquote.

Machen Sie sich also die Vorteile des Internets als Informationsquelle zunutze. Nahezu jedes Unternehmen verfügt mittlerweile über eine eigene Homepage, auf der die wichtigsten Informationen für Sie abrufbar sind. Denn gerade in Zeiten des World Wide Web erwartet das ausschreibende Unternehmen eine zielgerichtete und authentische Ansprache, die zur Aufgabe passt.

Gleichen Sie Ihr Profil mit den Anforderungen des Unternehmens ab und überlegen Sie gegebenenfalls, welche Qualifikation Ihnen fehlt, die Sie noch erwerben wollen. Vielleicht finden Sie eine Firmenphilosophie oder einen Themenschwerpunkt, den Sie in Ihre Bewerbung einbauen und hervorheben können, denn viele Unternehmen legen mehr Wert auf eine stimmige menschliche „Chemie" als auf ein in allen Punkten übereinstimmendes Bewerberprofil. Es ist auch gefährlich anzunehmen, dass Unternehmen heute so händeringend nach Nachwuchs suchen, dass sie alles und jeden einstellen würden. Das tun sie nicht.

Standardisierte Einstiegsformulierungen wie „Hiermit bewerbe ich mich um/als..." wirken steif und motivieren nicht zum Weiterlesen des Anschreibens. Eine klare Aussage darüber, was Sie für das Unternehmen, bei dem Sie sich bewerben, zu tun gedenken und was genau Sie dafür qualifiziert, wirkt ansprechender und abwechslungsreicher. Schließlich hat der potenzielle Arbeitgeber neben Ihrer Bewerbung noch viele, sehr viele auf seinem Stapel liegen. Wählen Sie also frische, direkte und souveräne Formulierungen ohne Füllwörter, um sich von der Masse abzuheben.

Sie sind kreativ? Belegen Sie es mit einem Beispiel aus Ihrer Arbeit – sofern es für die Firma interessant und passend ist. Auch Hobbys können von Interesse sein: Schreiben Sie ruhig, wenn Sie joggen, Volleyball spielen, Yogakurse belegen oder die Oper lieben. Denn Mannschaftssport zeigt Teamfähigkeit, Kulturgenuss, Wissensdurst und Sport im Allgemeinen zeigt Fitness und die Bereitschaft, Verantwortung für die eigene Gesundheit zu übernehmen.

Wer noch nie oder lange keinen Lebenslauf mehr geschrieben hat, sollte sich für einen modernen Aufbau in einschlägigen Büchern Rat holen. Denn niemand, auch kein Outplacement-Berater, kann Ihnen abnehmen, was Ihre – allein Ihre – Aufgabe ist: Ihre Qualifikation und damit sich selbst wirksam und glaubwürdig in Szene zu setzen, zu überlegen, was Sie von sich preisgeben – und wie.

Für Fragen des Benehmens sind die gute Absicht und die Überlegung, wie es beim Empfänger ankommt, ein guter Ratgeber.

Einen kleinen Knigge-Patzer wird Ihnen jeder verzeihen, wenn Sie grundsätzlich signalisieren, dass Ihnen die Sache ernst ist und Sie sich Mühe geben. Wenn Sie aber die Gefühle Ihrer Gesprächspartner zum Beispiel durch schlechte Vorbereitung großspurig übergehen und Wertschätzung schuldig bleiben, werden Sie kaum punkten. Viele Unternehmen bemängeln zudem das zu passive Verhalten von Bewerbern. Gehen Sie daher offen ins Gespräch und stellen Sie Fragen zu Position, Abläufen und Entwicklungsmöglichkeiten. Lassen Sie sich auch durch bohrende Fragen nicht aus der Ruhe bringen, antworten Sie ehrlich und seien Sie nicht zu siegessicher, dann haben Sie gute Chancen.

Ob Jo seine Beförderung erreicht hat?

Yes please! No thanks!
Stilvolle E-Mail-Kommunikation

Wahre E-Mail-Fluten sind längst Geschäftsalltag in unseren Büros und Homeoffices geworden. Gehören Sie auch zu den Leuten, die hundert und mehr E-Mails pro Tag erhalten? Dann befinden Sie sich in bester Gesellschaft. Und da Sie es nicht nötig haben, Ihre Bedeutung am elektronischen Posteingang abzulesen, liegt der Gedanke über den stilvollen und sinnvollen Umgang mit Kommunikation im Allgemeinen und E-Mails im Besonderen nahe.

Sicherlich kennen Sie auch Menschen, die damit gedankenlos umgehen – wie Tatjanas Kollege Bernd zum Beispiel.

Er betont öfter als nötig, dass Zeit ein rares Gut sei und er schließlich nicht jede Mail beantworten könne. Dafür sei seine Arbeitszeit zu teuer...

Zwar widersteht er dem Bedürfnis, jede auch nur entfernt mit einem Projekt befasste Person inklusive seinem Chef und dessen Chefin per Cc von seinen Aktivitäten wissen zu lassen, aus den genannten Gründen hat er sich aber die Geste der Antwortverweigerung angewöhnt. Wenn so beschäftigte Leute wie er nicht antworten, kann sich der Absender einer Frage doch denken, dass er nicht interessiert ist?

Leider kann der Absender das meist nicht – und so beginnt der Reigen: Ein talentierter, ehrgeiziger aber rangniedrigerer Kollege aus einer anderen Abteilung stellt Bernd eine Anfrage oder macht einen Vorschlag. Alternativ könnte das auch ein Zulieferer oder dienstleistendes Unternehmen sein, ein Coach, Trainer oder Handwerker. Der Kollege oder Alias verschickt sein Anliegen per E-Mail und wartet auf Rückmeldung. Klar, dass er irgendwann nachhaken wird, einmal, mehrmals... natürlich per E-Mail. Irgendwann ruft er Bernd dann an – nur um von dessen Sekretärin und erst nach einer drei Tage dauernden Rücksprache mit Bernd zu erfahren, was er sich schon gedacht hat: dass Bernd nicht interessiert ist und seine Anfrage negativ beantworten muss oder seinen Vorschlag nicht aufnehmen möchte. Gibt es einen besseren Weg, den Stresspegel für alle Beteiligten zu erhöhen?

Ein höfliches und klares „Danke nein, ich bin nicht interessiert" als Antwort auf die erste Anfrage hätte Bernd mehr Zeit für Wichtiges gebracht – zum Beispiel zur Beantwortung seiner übrigen E-Mails. Dem talentierten, ehrgeizigen Kollegen hätte er dabei ein besseres Gefühl vermittelt. Denn der könnte sich ja daran erinnern, sollte er einmal Bernds Chef werden.

Für den virtuellen Umgang mit Geschäftspartnern und Kollegen sollten ein paar Dinge selbstverständlich sein.

Form: Die Form „verkauft" den Inhalt einer Mail. Hier sind Sorgfalt, Arbeitsgüte und die Wertschätzung gegenüber dem Mailempfänger sofort spürbar. Wie ein Brief sollte eine E-Mail also eine persönliche Anrede, einen ausformulierten und gut strukturierten Brieftext sowie einen Schlussgruß enthalten. Bitte keine Abkürzungen, schon gar nicht „mfG", verwenden: „Viele Grüße nach Hamburg" klingt beispielsweise moderner und persönlicher.

Struktur: Die meisten Menschen erhalten zu viele E-Mails am Tag, so dass sie deren Inhalte oft nicht mehr lesen oder wahrnehmen. Fassen Sie sich also kurz und nutzen Sie Hervorhebungen wichtiger Inhalte durch **Fett**, <u>Unterstreichen</u> oder Bullet Points. Stellen Sie die Kernaussage an den Anfang und vermeiden Sie schwammige Formulierungen und Worthülsen wie „an und für sich", „eigentlich" et cetera.

Bei Korrespondenzen mit ausländischen Geschäftspartnern sollten Sie unbedingt auf die erwarteten Höflichkeitsformulierungen, etwa „Wie geht es Ihnen?", am Anfang des Schreibens achten. Denn Deutschland und beispielsweise die USA gehören zu dem geringeren Anteil der Weltbevölkerung, die direkt kommunizieren. Der weit größere Anteil wie Südeuropäer, Lateinamerikaner, Asiaten und auch die Schweizer kommunizieren indirekt und schätzen den plumpen Einstieg ohne Höflichkeitsaustausch im Erstkontakt nicht. Interkulturelle Kompetenz fängt bereits bei diesem Detail an.

Schreibstil: Das Medium E-Mail verleitet zu schnellen, unüberlegten Sendungen und Reaktionen. Lassen Sie Antworten auf komplexe oder heikle Fragen lieber „über Nacht" liegen – so wie Sie auch bei manchen verbalen Antworten erst einmal „durchatmen".

Verpflichten Sie sich selbst zu einer gepflegten, kultivierten Sprache und lesen Sie Ihre Mails noch einmal durch, bevor Sie sie versenden – formatiert und ohne Rechtschreibfehler.

Ersparen Sie Ihrem Mailpartner zu viele Anglizismen, interne Fachbegriffe der eigenen Firma und Abkürzungen. Es erschwert das Lesen, zwingt zu Rückfragen, für die sich niemand die Zeit nehmen will, und erhöht damit Missverständnisse. Nicht jeder liest aus „IKK" selbstverständlich die Interkulturelle Kompetenz heraus oder versteht „NOS" als das Never-out-of-stock-System des Einzelhandels. Zeigen Sie Wertschätzung, indem Sie Kürzel ausschreiben oder erklären – in diesem Fall „ständig verfügbare Lagerware".

Botschaft: Klar, unverschnörkelt und modern formuliert sollte sie sein. Ihr Hauptanliegen ist im ersten Satz zu lesen und leitet den Inhalt ein. Was nicht im ersten Absatz steht, ist Kommentar oder Differenzierung. Umständliche Formulierungen wie „Wir bedauern sehr, Ihnen mitteilen zu müssen, dass..." liest heute niemand mehr. „Leider können wir Ihre Bestellung bis Datum x nicht beliefern, weil..." klingt besser, vor allem wenn Sie Abhilfe konkret, terminiert und mit Angabe eines Ansprechpartners in Aussicht stellen.

Zeit: Erwarten Sie nicht, dass Ihr Ansprechpartner sofort antwortet. Schließlich ist es einer der schönsten Vorteile von E-Mails, dass man zeitversetzt korrespondieren kann. Wenn Ihnen ein Thema sehr wichtig ist, bitten Sie um eine kurze Empfangsbestätigung oder machen einen Hinweis in der Betreffzeile. Unterscheiden Sie dabei zwischen *wichtig* und *dringend*. Etwas kann zwar wichtig, muss jedoch nicht zwangsläufig dringend sein. Priorität: Gerade in großen Unternehmen dauern Antworten oft lange, weil von allen Seiten Botschaften hereinkommen, die den Überblick vernebeln. Das führt zu Langsamkeit, die auf das Image der Firma reflektiert. Dringende Antworten, die andere benötigen, damit sie weiter arbeiten können, sollten gleich beantwortet werden – damit Projekte vorankommen. Wichtige Aufgaben, die Ruhe verlangen, können im Terminkalender notiert und dann bearbeitet werden.

Adressat: Auch wenn Sie für eine Anfrage nicht zuständig sind, lassen Sie Ihren Geschäftspartner nicht „im Regen stehen". Nennen Sie klar den stattdessen kompetenten Ansprechpartner und stellen Sie den richtigen Kontakt direkt her oder nennen Sie mindestens Namen, Telefonnummer und Mailadresse. Nichts ist peinlicher für ein Unternehmen als permanent „nicht zuständige" Mitarbeiter – egal in welcher Branche das Unternehmen tätig ist.

Verteiler: Überprüfen Sie bitte den Sinn des Verteilers. Wer „vorsichtshalber" alle auch entfernt am Thema Beteiligten auf Cc setzt, überfrachtet damit nicht nur deren Mail-Account (und erhöht den Stressfaktor), sondern vermittelt damit auch Bequemlichkeit und Mangel an Entscheidungsfähigkeit. Grundsätzlich gilt: Informiert sein müssen alle, die darum gebeten haben oder deren Arbeit davon unmittelbar betroffen ist, von denen also entsprechende Handlungen erwartet werden. Allen anderen bieten Sie besser eine wöchentliche, stichwortartige Zusammenfassung an.

Verbindlichkeit: Was Ihr Chef von Ihnen erwartet, kann Ihr Geschäftspartner ebenso erwarten. Wenn Sie eine Antwort zusagen, darf diese nicht ausbleiben. Es kostet Sie die Glaubwürdigkeit und wirkt unprofessionell.

Fragen Sie nach Wichtigkeit und Dringlichkeit und nennen Sie ein Datum, bis wann Sie eine Antwort geben. Das spart beiden Parteien Zeit und Nerven: dem Gegenüber den Aufwand der Wiedervorlage zum Nachhaken – Ihnen die manchmal zahllosen Rückrufbitten auf Band oder diverse Mails, die sonst Ihren Account überfluten und damit Ihren eigenen Stresspegel erhöhen.

Gedankenanregung: Je namhafter die Firma, desto größer ist die Gefahr, sich einen leicht überheblichen Ton gegenüber Geschäftspartnern aus kleineren Firmen oder Dienstleistern anzugewöhnen – gerade, wenn dieser Ton im ganzen Unternehmen Usus ist. Vergegenwärtigen Sie sich, wer Sie ohne die Firma im Rücken wären. Das macht es leichter, die Leistung anderer Menschen wertzuschätzen und den richtigen Ton zu treffen.

Die erste Lektion übrigens, die man bei Englandaufenthalten lernt, ist, dass jedem Ja oder Nein immer auch ein Bitte oder Danke anhaftet. Dort gehört es ganz selbstverständlich dazu.

Es sind die wirklich großen Persönlichkeiten, die auf Augenhöhe agieren und in ihrem Gegenüber einen gleichberechtigten Gesprächspartner sehen. Egal, wie viel Geld er für das bezieht, was er tut. Wer zum Beispiel meint, eine Reinigungskraft nicht grüßen zu müssen, hat ihre wertvolle Unterstützung schlichtweg nicht verdient. Wertschätzung gegenüber anderen Menschen heißt die Zauberformel, die ich auch mit „Eleganz des Geistes" beschreiben möchte. Und davon können wir alle ruhig ein bisschen mehr vertragen.

Der N-Faktor –
Wie Neid stylish wird

„Meine Liebe", flüstert Silvie beim Abschied in Marens Ohr, „ich meine es nur gut mit dir. Als deine Freundin muss ich dir sagen, dass die schmale Jeans deine kräftigen Waden unvorteilhaft betont. Du solltest in Zukunft auf weitere Hosenbeine achten."

Touché! Das saß. Was Frauen einander unter dem Deckmantel des freundschaftlichen Gefallens an kleinen Giftspritzen verabreichen, grenzt nicht selten an Nestbeschmutzung. Was Silvie nämlich wohlweislich zu sagen unterlässt: Die sportlichen Waden gehören zu einem Paar insgesamt sehr wohlgeformter Beine mit unerhört langen Schenkeln, die Männerblicke auf sich ziehen. Und das stört Silvie. Von mittlerer Körperhöhe und eher der weibliche Figurtyp neidet sie der Freundin den knabenhaft muskulösen Körperbau und die langen Beine.

Wenn Sie solche oder ähnliche Botschaften von Freundinnen erhalten, sollten Sie
a) in erster Linie die wahre Meldung dahinter verstehen und die Motivation der Absenderin durchschauen lernen,
b) überprüfen, ob Ihre „Silvie" recht hat, und
c) ein klärendes Gespräch suchen. Falls das nichts bringt, können Sie sich immer noch aus der Freundschaft zurückziehen.

Attraktivität ist immer eine Sache des Betrachters: Überprüfen Sie also bewusst und selbstkritisch, was Sie an sich schön finden und zeigen wollen – oder was keine Betonung verdient. Abweichungen vom gängigen Schönheitsideal können nämlich für einen nach Reiz und Abwechslung suchenden Blick ein wahrer Augenschmaus sein, solange sie ästhetisch sind.

Wenn Sie selbst Silvie sind – und Hand aufs Herz, ein bisschen Silvie steckt in jeder von uns –, dürfen Sie sich Gedanken zu Ihrem Umgang mit Neid machen. Statt die Konkurrentin, die keine ist, weil Sie ihren Oberschenkelumfang ohnehin nie erreichen werden, mit Nadelstichen zu versehen, könnten Sie sich besser produktiv mit Ihrem Neidgefühl auseinandersetzen und zu folgendem Schluss kommen: Der Kontrast macht Sie als Freundinnenpaar spannender als ein Auftritt allein. Ihre weibliche Silhouette und Ihre feminine Ausstrahlung werden dank der sportlichen Begleitung in Szene gesetzt und fallen auf.

Neidisch zu sein ist ein normales menschliches Gefühl und kann sich sogar positiv auswirken, wenn Sie damit konstruktiv umgehen: Konstruktiv wird das Gefühl, wenn Mann oder Frau es anerkennen, bevor es spitzzüngig macht oder zweifelhafte Instinkthandlungen nach sich zieht.

Neid ist auch ein Indikator für das eigene Defizitdenken. Was ich anderen neide, wünsche ich mir selbst, traue es mir aber nicht zu oder habe Schwierigkeiten, es zu erreichen.

Erst wenn ich das erkenne, kann ich gegensteuern und an die Erfüllung meines Wunsches gehen – oder ihn als irrelevant ad acta legen.

Oft ist Neid auch eine Folge einseitiger Betrachtung und will uns auf das eigene reduzierte Denken aufmerksam machen. Das nagelneue Auto des Nachbarn zum Beispiel mag unglaublich repräsentativ sein, in der Kurve wie ein Formel-1-Wagen auf der Straße liegen und alles in allem den Sieg des Statusdenkens feiern – es schluckt aber vielleicht auch höllisch viel Benzin und verursacht seinem Fahrer bei jedem Kratzer Schmerzen in der Besitzerseele.

Oder die Freundin mit Modelmaßen... Vielleicht gerät sie ja immer wieder an Männer, die sich mit ihr schmücken wollen, statt sie zu nehmen, wie sie ist. Vielleicht wünscht sie sich, nicht nur für ihr Aussehen begehrt und gemocht zu werden. Wer genauer hinschaut statt Pfeile zu schießen, kommt schnell dahinter: Woanders ist das Gras auch nicht grüner.

Es gibt sie, diese Menschen, die alles haben. Schönheit, Intelligenz, Talent, Freunde, Geld – und dann sind sie auch noch nett! Vielleicht begegnen sie uns, damit wir unsere eigenen Stärken zu profilieren lernen. Seitdem Silvie das erkannt hat, greift sie lieber in die Trickkiste der Weiblichkeit und inszeniert sich typgerecht, ohne Seitenhiebe.

Gerade in der Diskussion um Frauen in Führungspositionen und die Frauenquote wird gerne zitiert, dass sich Frauen in ihrer beruflichen Entwicklung nicht nur selbst, sondern vor allem auch einander im Weg stehen würden. Das geflügelte Wort „Zickenkrieg" schwebt spätestens dann im Raum.

Und ob das nun auf Sie zutrifft oder nicht, fest steht: Wenn Frau den Erfolg anderer neidlos anerkennen kann, profitiert auch die eigene Karriere davon. Der so entstandene Antrieb kann wie in unserer Geschichte tolle Ergebnisse bringen – und rettet darüber hinaus Ihre Frauen- und Männerfreundschaften.

Gentleman – The big uneasy

Spätestens seit Frauen Karriere machen, gibt es sie – die Männer, die einer Dame die Tür aufhalten, damit sie den Wasserkasten selbst hindurchschleppen kann. Oder jene, die höflich fragen „Geht's?", während Frau vor ihren Augen und freien Händen schweres Material wuchtet.

Beispiele dafür gibt es viele, manche zum Schmunzeln, manche zum Ärgern – die meisten peinlich: Beispiele für die große Verunsicherung. Gibt es eine Anleitung, wie in solchen Situationen zu verfahren ist? Der klassische Knigge bietet viel Lektüre über formvollendete Höflichkeit – ein Kapitel über den Umgang mit Businessfrauen gibt es jedoch noch nicht.

Fragt man die Damen selbst, erfährt man, was eigentlich schon klar war: Dass sie ja immerhin im Berufsleben auch ihren Mann stehen würden und sich daran gewöhnt hätten... wobei gelegentlich ein Hauch von Sehnsucht nach ein bisschen Verwöhnung durchklingt. Deshalb gilt für den Umgang mit der Spezies „unabhängige Frau" derselbe Grundsatz, den Adolph Freiherr von Knigge schon immer propagierte: Menschen sollen sich miteinander wohlfühlen. Für Sie, meine Herren, bedeutet das, hinzuhören und hinzusehen, wie viel Aufmerksamkeit und Hilfestellung diese besondere Dame vor Ihren Augen benötigt. Das muss nicht das gleiche Quantum wie bei Ihrer Mutter sein – die Wahrscheinlichkeit, beide gleich behandeln zu müssen, ist sogar eher gering.

Ob Mann oder Frau: Bieten Sie Ihre Hilfe an oder packen Sie mit an, wo es angebracht ist, auch unter Kolleginnen. Und fühlen Sie sich umgekehrt nicht diskreditiert, wenn Ihnen ein Mann – oder eine Frau – schwere Last oder Aktenstapel abnehmen will. Ein klares „Nein danke, ich schaffe das allein" sollte allerdings ebenfalls akzeptiert werden.

Hilfreich ist auch die Frage nach dem Sinn der Handlung und die Überlegung, ob die betreffende Frau auch problemlos selbst tun kann, was man(n) für sie tun möchte. Eine mittelschwere Aktentasche trägt die Dame doch glatt allein – den besagten Wasserkasten lässt sie sich vielleicht gerne abnehmen.

Es ist nun mal eine Tatsache, dass Männer eine andere Muskulatur mit mehr Spontankraft besitzen, welche beim Tragen schwerer Gegenstände auch die Wirbel und Knochen besser schützt. An dieser Tatsache hat auch die Emanzipation nichts geändert.

Die gleiche Frau, die sich schwere Lasten buchstäblich erleichtert abnehmen lässt und es auch genießen kann, wenn ein Herr ihr in den Mantel hilft – eine rundum wertschätzende Geste, die ihr Verrenkungen erspart –, ist aber durchaus in der Lage, den Fahrstuhlknopf eigenständig zu drücken, im Restaurant als Gastgeberin zu bezahlen oder eine Beifahrertür zu öffnen.

Wer seine Partnerin, Geschäftspartnerin oder Kollegin als eigenständig handelnde Persönlichkeit respektiert, hat den Dreh bald raus: Finger weg aus ihrem Hoheitsgebiet. Dazu zählt die Geldfrage, sobald eine Einladung ausgesprochen wurde, genauso wie ihre Handtasche, ihr Terminkalender und ihr Laptop. Und auch die Einstellungen im Cockpit ihres Autos sollten Sie nicht ohne zu fragen korrigieren wollen.

Allgemein bekannte und damit berechenbare Spielregeln gelten aber zum Glück immer noch im täglichen Miteinander des Berufsalltags. Man hält anderen Menschen – nicht nur Frauen! – die Tür auf, grüßt im Fahrstuhl und versucht, ein angenehmer Zeitgenosse zu sein. Und die noch immer gelebte „StVO des Benehmens" regelt zum Glück auch die immer wieder spannende Frage des Duzangebotes: Obwohl es dafür keine offizielle Spielregel mehr gibt, möchten viele Frauen von sich aus das „Du" anbieten – es sei denn, der Mann ist der Chef, Emanzipation hin oder her.

Knigges Nachlass – Die Kunst des guten Umgangs

„Über den Umgang mit Menschen" (1788) von Adolph Freiherr von Knigge gilt von je her als die eine Referenz in Fragen des guten Benehmens. Wer das Originalwerk in Händen hält, findet dort aber wenig über den Umgang mit Messer und Gabel und über Kleiderordnung. Vorschriften, als die sie heute verkauft werden, lagen dem berühmten Denker aus dem 18. Jahrhundert eher fern. Vielmehr beschäftigte ihn der achtungsvolle Umgang mit sich selbst und anderen, „mit Leuten von verschiedenen Gemütsarten, Temperamenten und Stimmungen des Geistes und des Herzens", wie am Beginn des dritten Kapitels zu lesen ist. Das kunstvolle Zerlegen eines Hummers dürfte in Ihrem Businessalltag weniger vordergründig sein als ein angenehmer Händedruck, der Umgang mit Visitenkarten, die smarte Art, sich vorzustellen oder einen Small Talk zu führen, an den sich Ihr Gesprächspartner noch lange später erinnert – und zwar positiv: „Wir sehen die klügsten, verständigsten Menschen im gemeinen Leben Schritte tun, wozu wir den Kopf schütteln müssen", leitet Freiherr von Knigge schon damals ein und öffnet uns damit für eine Gedankenwelt, die uns bis heute nachdenklich stimmen muss.

Inzwischen beschäftigt Knigges Nachlass eine höchst lukrative Industrie, die den Verhaltenscodex regelt und uns alles in allem das Gefühl vermittelt, dass wir noch viel zu lernen haben – gegen Geld, versteht sich. Und damit diejenigen, denen der Umgang mit Menschen wichtig ist, nie auf die Idee kommen, sie könnten auf dem sicheren Terrain der ultimativen Höflichkeit angekommen sein, werden die Karten immer wieder neu gemischt. Zum Beispiel die Sache mit dem Gesundheitswunsch, wenn einer niest: Tut man es heute noch ... oder etwa nicht mehr? Was hat sich geändert – und wie bleibt man selbst noch up to date?

Umgangsformen verändern sich zusammen mit Gesellschaft und Sprache, und das ist gut so! Oder würden Sie Ihren Ehepartner heute noch mit „Sie" anreden wollen?

Wie die Sprache braucht allerdings auch der Benimmalltag einheitliche Empfehlungen, damit Kommunikation gut ankommt. Kultivierter Umgang mit anderen Menschen, Ländern und Generationen ist heute aktueller denn je – besonders in der Erziehung der Generation von morgen, der zukünftigen Führungskräfte und Mitmenschen.

Unternehmen, die viel Zeit und Geld in Werbung und Social-Media-Marketing investieren, machen sich oft nicht bewusst, dass auch jeder Anrufer oder Anbieter die begehrte Zielgruppe der Meinungsbildner im Netz repräsentieren kann. Viele Werbungskosten könnten gespart werden, wenn mehr E-Mails/SMS beantwortet oder Anrufer am Telefon verbindlich behandelt würden.

Die nobelste Aufgabe der Etikette ist es also, die für einen angenehmen menschlichen Umgang nötigen Spielregeln zu vermitteln und das Thema lebendig zu halten. Der Newsletter „Knigge Ticker" leistet das beispielsweise auf moderne und vergnügliche Weise.

Je älter wir Menschen werden, desto wichtiger wird auch der Respekt für die Spielregeln der Eltern- und Großelterngenerationen, da Enkel und Ahnen sonst kein gemeinsames Gespräch mehr finden. Im Fall des Genesungswunsches, wenn jemand niest, heißt das: Der Enkel wünscht dem gleichaltrigen Kollegen vielleicht nicht mehr „Gesundheit" – seinem Opa aber schon! Denn er legt Wert darauf. Manieren sind nämlich immer nur so gut, wie der Empfänger sich damit wertgeschätzt fühlt. Gleiches sollte übrigens auch für Restaurants gelten, in denen sich kein Gast entspannen kann, weil sich die Kellner steif und nobler als ihre Gäste geben.

Wie alles im Leben will auch Knigges Anspruch im richtigen Maß und mit einem Lächeln bedient werden, damit sich der gute Freiherr nicht im Grabe umdrehen muss. Das bedeutet: Benehmen ist die gelebte Achtung für den Empfänger. Nur so erlangen wir den vollen Profit seines Erbes.

Stilvoll einkaufen

Smart shopping – Passformkontrolle

Wollen Sie eines der größten Stilgeheimnisse erfahren?

Dann spielen Sie doch öfter mal „Mäuschen" – im Schweizerdeutschen übrigens „Müsli" – und beobachten Sie Menschen in ihrer Kleidung. Gelegenheiten dafür gibt es viele – in der Wartezone vor dem Boarding am Flughafen, im Restaurant, wenn die Verabredung noch einen Parkplatz sucht, in der Warteschlange bei der Autovermietung Ihres Vertrauens oder einfach im Büro, in der Mittagspause, in Bus und U-Bahn... Gerade „Digital Natives" sollten ruhig öfter den Blick vom Display heben und die rechteckige Sicht auf die Welt durch eine runde tauschen.

Beim „Beobachten von Menschen" lernt man nämlich viel über sich selbst: was einem gefällt, worauf man bei Personen zuerst achtet und ob man sich von Statussymbolen beeindrucken lässt, um nur einige Vorteile der Stilstudien zu nennen. Bei geübtem Hinsehen wird Ihnen auffallen, dass Ihre bestangezogenen Favoriten – so unterschiedlich sie auch sein mögen – ein paar grundsätzliche stilistische Entscheidungen gemeinsam haben.

Erstens: Weniger ist mehr. Stilprofis überfordern ihre Betrachter nicht mit einer Vielfalt an Mustern und Farben, sondern platzieren ihre Highlights gezielt. Stilvolle Frauen zeigen im Geschäftsleben zum Beispiel entweder Beine oder Dekolleté – nie beides auf einmal.

Zweitens: Ihre Favoriten teilen ein unnachahmliches Gespür für Stoffe, Farben und Linien, die ihnen stehen und ihre Silhouette auf eine selbstverständliche und ungekünstelte Weise gut aussehen lassen. Eine gut angezogene Frau trägt zum Beispiel keinen breiten Gürtel – auch wenn er gerade im Trend liegen mag –, wenn sie nicht die Taille dafür hat. Mit einer geraden Taille und schlanken Hüfte wählt sie instinktiv oder bewusst kurze Jacken, deren Saum die schlanke Hüfte betonen – und die wenig schlanke Taille überspielen.

Drittens: Sie bilden in den seltensten Fällen den aktuellen Trend ab. Im Gegenteil: Echte Stilikonen würden „nie im Leben" ein Promi-Outfit aus einem der einschlägigen People-Magazine nachahmen. Sie haben und tragen ihren eigenen Stil unabhängig und gekonnt.

Viertens: Ihre Stilvorbilder haben sich mehr als andere mit der guten Passform ihrer Kleidung befasst, weil sie um deren souveräne Wirkung wissen.

Denn was nützen der teuerste Designeranzug oder das modernste Kostüm, wenn die Teile nicht richtig sitzen? Zu große oder zu kleine Kleidung lässt den Träger immer unelegant und linkisch wirken.

Als gutem Beobachter ist Ihnen natürlich längst aufgefallen, wie viele Manager zu lange oder – als Verneigung vor dem Modebild – zu kurze Hosen tragen. Hat das Geld etwa für die Änderung nicht gereicht? Wohl kaum. Vielleicht hat den Herren niemand gesagt, dass der Hosensaum vorne auf dem Spann aufstößt, an der Fersenkappe hinten bis zur oberen Absatznaht reicht und das Hosenbein im Stehen nur einen Knick beziehungsweise Faltenwurf nach innen macht. Nicht zwei ... und schon gar nicht drei! Schmale Herrenhosen werden kürzer getragen, nur sollte das im Geschäftsleben nicht zu bunten Socken einladen, die den Blick vom Gesicht und der Aussage weglenken – es sei denn, Socken sind Ihr Geschäft.

Gleiches gilt für Ärmellängen! Wie viele Menschen sehen unfreiwillig aus, als hätte man ihnen die Kleidung geliehen oder „vererbt", weil die Ärmel zu lang sind. Bei Herren sieht man dann die Hemdmanschette nicht mehr, Frauen, gerade zierliche, wirken schnell wie kleine Mädchen.

Auch eine Änderung von ein bis zwei Zentimetern schafft eine bessere Wirkung. Umgekehrt sollten große Menschen mit langen Armen natürlich nie zu kurze Ärmel tragen. Ganz zu schweigen natürlich von den Rocklängen, die bei Managerinnen zu beobachten sind. Rocklängen bei Frauen haben zwei Aspekte – einen gesellschaftlichen und einen ästhetischen. Die kürzeste Businesslänge endet im Stehen eine Handbreit oberhalb des Knies – vorausgesetzt, Frau weiß sich darin zu bewegen, zu setzen, zu sitzen und in ein

Auto einzusteigen. Kürzere Röcke verlangen entsprechende Bewegungen, die nicht zu tief blicken lassen. Ansonsten sollte der Rock da enden, wo das Bein eine schöne und schmale Stelle hat: Knapp über dem Knie, knapp unterhalb des Knies oder so, dass nur die schmale Fessel sichtbar wird. Ein Rock sollte nie im Leben an der breitesten Stelle der Wade enden. Und Achtung: Besonders sehr schlanke Frauen haben oft keine schönen, weil zu knochige Knie.

Die gesellschaftliche Passformkontrolle können Sie in jedem guten Ratgeber nachlesen. Dort steht, wie viel die Hemdmanschette unter dem Ärmelsaum des Sakkos hervorzuschauen hat, nämlich 1,5 Zentimeter – bei betont modischen Männern heute bis zu 4 Zentimeter. Dort steht auch, welche Rocklänge bei Frauen als „Business" gilt. All die Ratgeber entheben Sie aber nicht der eigenen Verantwortung, in der Umkleidekabine genau hinzuschauen – der Blick des Smart-Shoppers:

- Welche Passform sieht der Designerentwurf vor? Weit, schmal oder eng?
- Liegt die (klassische Business-)Kleidung mit Ausnahme der Bewegungsfalten schmal am Körper, ohne ihn einzuzuengen?
- Kann ich mich darin setzen, Kniebeugen machen und mich wohlfühlen?
- Bringe ich beide Arme weit genug nach vorne, ohne dass die Schultern spannen?

- Sind die Ärmel auch garantiert nicht zu lang und enden sie an der Handgelenkwurzel?
- Schließen alle Taschen glatt und sperren nicht?
- Fällt der Rücken glatt, wenn ich gerade stehe?
- Sind Abnäher und Taille auf der richtigen Höhe?
- Wirkt die Gesamtproportion harmonisch?

Ihre Verkäuferin ist nur dann eine gute, wenn sie all dies prüft, bevor sie Ihnen mitteilt, dass Sie in Ihrem Outfit klasse aussehen.

Textil mit Stil – Konfektion unter der Lupe

Endlich war sie da – die Gelegenheit, das neue Designerkostüm zu tragen! Das Businesslunch mit wichtigen Geschäftspartnern im gehobenen Restaurant war der Rahmen, in dem **Smart Business** (siehe S. 85) angesagt war. Zeit also, das sündhaft teure Ensemble aus matt schimmernder Seide in dieser unglaublich angesagten Farbe endlich aus dem Schrank zu holen, wo es auf sein Debut gewartet hatte. O-Ton der Verkäuferin: „Das ist *der* Trend diesen Herbst."

Gut, dass die junge Frau in dieser Geschichte – nennen wir sie Julia – ein passendes Top und auch ein Paar Schuhe gleich dazu gekauft hatte, die total *en vogue* waren und dem Outfit den richtigen Pfiff gaben... Jetzt, bei Tageslicht, sieht das Teil aber irgendwie anders aus: Da hängen ein paar Fäden von den Nähten, als seien sie hastig abgeschnitten worden, der Knopf des Blazers ist lose und würde sich mit dem nächsten Öffnen oder Schließen lösen, und der Rocksaum konnte schon jetzt Nachnähen vertragen.

Kommt Ihnen die Situation bekannt vor? Julia jedenfalls ärgert sich. Ein vierstelliger Betrag für ein Glas Prosecco, motivierende Komplimente einer Verkäuferin – und dann ein Kostüm, das erst einmal nachgenäht werden muss?

Als klassischer Typ, der in puncto Qualität keine Abstriche macht, entscheidet sich Julia, das lieblos verarbeitete Ensemble heute nicht zu tragen und auf eine bewährte Kombination, die sie schon länger besitzt, zurückzugreifen. Sie würde das Kostüm bei nächster Gelegenheit zurück in die Boutique bringen und die Verkäuferin höflich um ein Entgegenkommen bitten. Deren Schneiderin würde Knöpfe und Rocksaum, selbstverständlich als kostenfreien Service, nachnähen und auch die Fäden abschneiden. Und wie sich später herausstellt, ist es der Chefin der Boutique sogar einen Seidenschal wert. Julia entscheidet sich aber auch im selben Moment, in Zukunft genauer hinzuschauen und sich neben der Stimmung beim Einkauf auch vom Verstand leiten zu lassen, indem sie besser auf die Verarbeitung achtet.

Früher wurde der Qualitätsanspruch an die Verarbeitung von Textilien mit der Erziehung vermittelt. Denn beim – im Vergleich zu heute – seltenen Einkauf von Kleidung wurde früher immer und intensiv über die Qualität und das Preisleistungs-Verhältnis gesprochen. Der Anspruch stand für

Eltern und Kinder von früher nicht in Frage. Heute aber tut er das: Die Generation, die mit preisgünstiger Massenware großgeworden ist, ist inzwischen volljährig – und mit ihr stellt sich die Frage nach der Definition von Qualität erneut.

Ob für kleines, mittleres oder großes Geld: Wenn Sie schon ein Auge auf ein Kleidungsstück geworfen haben, dann werfen Sie bitte auch eines hinein! Lieblose und hastige Verarbeitung lässt sich nämlich an ein paar Merkmalen schnell erkennen, dafür brauchen Sie kein Studium der Bekleidungstechnik: Lose Knöpfe, sich lösende Säume oder nicht abgeschnittene Nahtenden sind wie in Julias Fall ein absolutes No-go. Betrachten Sie sich das neue Stück in aller Ruhe, am besten indem Sie es vor sich legen: Sind rechte und linke Seite bei einem Sakko oder einer Jacke synchron, gleichmäßig in der Länge von Abnähern, der Reversbreite sowie der Breite und Größe von Taschen oder Taschenklappen? Sind Kragen und Kanten auch glatt – und nicht durchgebügelt? Ist der Stoff gleichmäßig und auch seitlich der Nähte ohne Gewebeschäden, die beim Nähen passieren können? Sind die Abnäher gut ausgebügelt und machen keine „Tüten" an den Enden? Wenn der Abnäher nicht sacht genug ausläuft, entsteht statt eines sanften Übergangs zur Stofffläche eine kleine Kuhle, die man „Tüte" nennt.

Betrachten Sie die Stichlängen, indem sie eine Naht leicht quer dehnen: Bei Konfektion rechnen Sie mit etwa vier Stichen pro Zentimeter, bei Hemden und Blusen mit etwa zehn Stichen.

Öffnen und schließen Sie Knöpfe und Reißverschlüsse auf Leichtgängigkeit. Ein Herrensakko muss mit einer Hand zu öffnen sein. Und schauen Sie sich das Innenleben an: Hat das Ärmelfutter genug Längenzugabe, dass der Ärmel nicht zieht? Finden Sie am Saum und in der hinteren Mitte genügend Bewegungszugaben des Futters? Sind alle Futternähte flach und wellen nicht? Sind die Saumzugaben des Oberstoffs bei Hosen und Röcken lang genug – in der Regel vier Zentimeter –, um das Teil gegebenenfalls länger machen zu können und damit es besser fällt? Gefällt Ihnen nach genauer Betrachtung noch immer, was Sie sehen? Dann werden Sie auch bei Tageslicht Spaß an Ihrer neuen Kleidung haben. Denn gut verarbeitete Kleidung sollten Sie sich wert sein!

Help! – So reklamieren Sie stilvoll

Stefan, arrivierter Hochschuldozent mit familiärem Hintergrund, atmet tief ein, um die freundliche Frage der Verkäuferin, was sie für ihn tun könne, zu beantworten. Schließlich will er eine Reklamation platzieren und jeden Einwand der Frau im Keim ersticken. Eigentlich weiß er, dass die auf dem Kassenbon vermerkte Umtauschzeit seit vielen Wochen überschritten ist. Mit barschem Ton und dominanter Geste bemängelt er die Funktionsleistung der Ware im Allgemeinen, die Qualität im Besonderen und die Serviceleistung des Ladens überhaupt. Und außerdem: Er sei mit einem Rechtsanwalt befreundet und kenne seine Rechte. Die Verkäuferin lauscht dem Monolog sprachlos: Sie hatte den Kunden damals beraten und sich besondere Mühe gegeben, ihn seinen Vorstellungen entsprechend zu bedienen. Sie hätte gerne auch nach Verkaufsabschluss Rückfragen beantwortet oder den Artikel, ohne mit der Wimper zu zucken, umgetauscht, bevorzugt natürlich innerhalb der Rückgabefrist.

Andrea hat sich übernommen. Es war aber auch zu verführerisch, sich im Nobelwarenhaus vom französischen Starvisagisten Philippe der Luxusmarke *Hollywood Hype* schminken zu lassen, und so hat sie einfach alles gekauft, was er ihr aufgetragen hat: Den Puder mit Micro-Goldstaub, der Fältchen unsichtbar macht, den Lippenstift mit Lip-Booster, der die Lippen voller macht, und Mascara mit orientalischem Duft, der den Augenaufschlag tiefgründig macht. Dazu die Creme... Alles in allem über 150 Euro. Ihr Freund hat sie für verrückt erklärt. Und nach ein paar Tagen der Benutzung kommt auch bei ihr die große Reue. Sie muss das Zeug wieder loswerden. Aber benutzt? Mit weinerlicher Stimme berichtet sie Philippe, dem Visagisten, am nächsten Tag von einer unerklärlichen Allergie und spart auch sonst nicht mit Opfersignalen...

Solche Reklamationen Marke „Präventive Steinschleuder" oder „Tränendrüse" sind im Handel, der aus Kulanz ohnehin fast alles umtauscht oder zurücknimmt, hinreichend bekannt. Zum Glück hat der Handel Lieferanten und Produzenten, die ihrerseits meist ebenfalls kulant sind. Hinzu kommt, dass viele Verkäufer eine gute Menschenkenntnis und ein Elefantengedächtnis besitzen und miteinander reden! Was meinen Sie, welche Beratung Stefan und Andrea das nächste Mal zu erwarten haben?

Stefan hätte die freundliche Verkäuferin besser mit einem „Ich brauche jetzt mal Ihre Hilfe" ins Boot geholt, ihr seine Einwände erklärt und sich gleichzeitig für die späte Rückgabe entschuldigt. Und auch Andrea hätte dem Visagisten wegen der benutzten Produkte eine Teilzahlung anbieten sollen, die er – ganz kulant – natürlich nicht genommen hätte.

Es ist der Ton, der eine Reklamation stilvoll macht – oder nicht.

Auch in Zeiten, in denen Modeketten damit werben, dass man eine Auswahl zu Hause anprobieren und den Rest wiederbringen kann, gelten für Reklamationen oder Rückgaben ein paar Regeln der Fairness.

Abgesprochen: Wenn Sie teure Güter, zum Beispiel Kleinmöbel, im heimischen Umfeld ansehen möchten, vereinbaren Sie das vorher mit dem Verkaufspersonal und besprechen Sie die Modalitäten bezüglich Rückgabe, Transport und Wiederverpackung.

Originalverpackt: Bringen Sie die Waren unbenutzt oder ungetragen in der Originalverpackung zurück, lassen Sie Etiketten dran und heben Sie den Kassenbon auf.

In anständigem Zustand: Wenn Kleidung zum Beispiel Fehler aufweist, die erst nach längerem Tragen sichtbar werden, bringen Sie die Textilien gereinigt (oder gewaschen) und in einem annehmbaren Zustand zurück – nicht müffelnd und verknüllt in einer Minitüte.

Ehrlich begründet: Wenn Sie am Reklamationsgrund beteiligt sind – sei es, dass Kleidung nicht mehr passt, weil Sie zu- oder abgenommen haben, oder Ihnen ein Artikel heruntergefallen und beschädigt ist – seien Sie ehrlich mit sich und dem Verkaufspersonal. Bei manchen Menschen ist ja bekanntlich die Kleidung schuld, wenn sie mit ihrer Figur nicht zufrieden sind. Der scheinbare Vorteil, den man sich verschafft, wenn man die Verantwortung abschiebt, gerät allerdings schnell zum Nachteil, wenn man den Laden mit Anstand nicht mehr betreten kann oder eine Bekannte das Drama der Reklamation beobachtet.

Time is cash –
Luxus in Zeiten des Internets

Früher – ja, da war er noch eine tolle Sache. Wer ihn hatte, war gern unter sich, verkörperte er doch den Hauch des Elitären: der Luxus.

Luxusgüter waren in Läden erhältlich, die nur einer bestimmten Klientel vorbehalten schienen, mit Verkäufern nobler als die Kunden – schon war die Welt sortiert.

Heute ist das anders. Luxus ist greifbar geworden, im Prinzip erreichbar für jeden ... wenn man das nötige Kleingeld besitzt! Aber Kreditkarten machen ja bekanntlich frei – jedenfalls für den kurzen Moment der Kaufentscheidung.

Luxus bezeichnet „Verhaltensweisen, Aufwendungen oder Ausstattungen, welche über das übliche Maß (den üblichen Standard) hinausgehen beziehungsweise über das in einer Gesellschaft als notwendig und ... für sinnvoll erachtete Maß. Luxus fasst damit Phänomene zusammen, die für einen großen Teil der Bezugsgruppe zwar erstrebenswert sind, aber nicht erreichbar." Soweit die Theorie, nachzulesen auf Wikipedia.

In der Praxis stellt sich aber zunehmend die Frage, was Luxus eigentlich *heute* bedeutet, denn abgesehen von den noch immer schwer erreichbaren Luxusgütern zwischen Marmorvilla und Luxusliner, unterliegt der Begriff einem Wandel. Das lateinische Wort „luxus" oder „luxuria", das übersetzt „Verschwendung" heißt, ist längst in unserem Konsumverhalten spürbar geworden.

Früher war Luxus mit einer gewissen Seltenheit und unschlagbaren Qualitätsbegriffen verbunden. Da waren bestimmte Güter rar, weil sie so lange in der Herstellung brauchten, Hotels teurer, weil die Teppiche dicker, die Bäder aus Marmor und die Kellner üppiger livriert waren. Und Uhren waren teuer, weil ein Herstellergeheimnis sie auch in der dritten Generation von Großvater zu Enkel noch minutengenau laufen ließ.

Heute gibt es dicke Teppiche auch zum Sonderpreis, und Luxus definiert sich zunehmend über den Zeitfaktor. Es ist die Zeit, die rar und damit Luxus geworden ist: „Time is cash, time is money", wie es in einem Songtext heißt. Der Wert einer Ware errechnet sich emotional gesehen immer mehr an der Zeit, die wir als Kunden zu gewinnen glauben, gerade für Menschen mit anspruchsvollen Karrieren.

Für die einen heißt Zeitgewinn, die denkbar beste Qualität mit dem Ziel zu erwerben, dass die Anschaffung möglichst lange halten möge und man sich in nächster Zeit nicht mehr darum kümmern muss. Time is cash, time is money ... Für die anderen bedeutet Zeitgewinn, die Beschaffungswege zu verkürzen und direkt – also immer mehr im Internet – einzukaufen. Denn im Netz schauen wir öfter mal vorbei, ohne Anfahrt mit S-Bahn, Auto, Taxi, ohne Wartezeiten und Schlechtwetterlaune.

Wer Zeitvorteil durch lange Lebensdauer sucht, verbindet das oft mit einem Anspruch an Beratung und einer persönlichen Erreichbarkeit seines Händlers, falls das Produkt Anlass zur Reklamation gibt. Dieser Käufer liebt – was das Internet nur sehr eingeschränkt bieten kann – das persönliche Gespräch und „touch and feel", die Möglichkeit, etwas anfassen und fühlen zu können, bevor er sich entscheidet. Eine individuelle Beratung ist der Vorsprung, den der stationäre Handel dem Internet voraus hat. Der digitalisierte Kunde dagegen schätzt die Zeitersparnis beim Einkauf selbst und die Unabhängigkeit von Ladenöffnungszeiten, nimmt dafür aber die noch nicht virtuell regelbaren Wege zur Post in Kauf, wenn etwas nicht gefällt und zurückgeschickt oder reklamiert werden muss.

Für Händler von Verbrauchswaren bedeutet das immer mehr, einen Laden für die Auswahl (also als Mustersortiment) und einen Onlineshop als Warenlager zu betreiben. Für uns als Kunden bedeutet es, uns individuell damit auseinanderzusetzen, welche Produkte wir online einkaufen wollen und welche nicht.

Christine beispielsweise hat sich Ihre Sommergarderobe kürzlich online zusammengestellt und geordert. Ähnlich wie früher beim Katalogeinkauf war sie aber von einigen Artikeln sehr enttäuscht: Eine todschicke Jacke zum Spezialpreis war optisch zwar genau, was das Foto versprochen hatte – nur saß das Teil an ihr alles andere als perfekt. Die Passform stimmte nicht. Eine Businesshose passte zwar von der Größe her, hatte aber einen anderen Stoff als angenommen und wirkte auch irgendwie billig. Die Schuhe waren die richtige Größe, aber der Fuß fühlte sich darin nicht wohl. Was dafür wunderbar passte und schließlich auch den Weg in ihren Kleiderschrank fand, waren die schicken Schals und Tücher sowie das legere, knöchellange Sommerkleid, das nicht so eng am Körper zu sitzen hat. Christines Fazit: Bücher, Ihre Lieblingskörperlotion und Modelle, bei denen es auf Passform nicht ankommt, würde sie weiterhin im Internet kaufen – alles andere vorerst wieder im Laden, bis die Beschreibungen und Maßangaben soweit perfektioniert sind, dass man mehr verlässliche Kaufkriterien findet. In Christines Fall wären zum Beispiel Angaben für die Rückenlänge des Blazers hilfreich gewesen... Ein anderer Onlineshopper kommt vielleicht zu einem anderen Schluss, muss sich aber ebenfalls im Interesse seines Zeitbudgets Gedanken machen, welche Onlinekäufe ihm wirklich Zeit sparen und welche eher Zeit kosten.

Das Internet bietet gleichzeitig die Möglichkeit, sich über ein Produkt differenziert zu informieren, bevor man es kauft. Oft haben sich Kunden bei größeren Anschaffungen mit einem bestimmten Produkt intensiver befasst und wissen mehr darüber als ein Fachverkäufer, der schließlich viele Artikel von vielen Marken kennen muss. Der virtuelle Marktplatz kann also zuverlässige Information bieten – vorausgesetzt, die Käuferbewertungen sind echt. Seriös moderierte virtuelle Foren und Kundenmeinungen sind unsere Chance, Qualität in der Zukunft wieder besser einschätzen zu können. Denn eines steht fest: Um Kunden langfristig an das eigene Unternehmen zu binden, können Unternehmen die Stimme des durch Digitalisierung autonom gewordenen Kunden nicht ignorieren.

Und damit sind wir bei den Testimonials, den Referenzgebern und Glaubwürdigkeitsträgern der Werbung. Großer und kleiner Luxus wird heute über prominente Gesichter verkauft und nicht mehr über Qualität. Ein bestimmter Espresso beispielsweise erhält erst durch den charmant-markanten Nimbus seines Testimonials Unwiderstehlichkeit. Verkauft werden Geschichten aus der Welt berühmter Gesichter, die uns mehr denn je am großen Glamour nippen lassen.

Gleichzeitig steht die Authentizität einer Marke auf kritischem Prüfstand. Wer viel Geld ausgeben will, möchte über das Objekt der Begierde viel wissen. Er kauft aber nur dann, wenn auch die dazu gehörige Story stimmt, weshalb immer mehr Unternehmen zum Storytelling tendieren und ihre Kunden so in ihre Innovationsprozesse mit einbinden.

Es gibt allerdings noch Potenzial: Live-Berichterstattung aus den Produktionsstätten oder Fotoserien der Rohmaterialien? Das würde zumindest ein paar Bildungslücken schließen. Und mit dem Siegeszug von Ethik und Moral könnte dies der schönste Vorteil des World Wide Web sein – wenn wir uns als Verbraucher wieder mehr Gedanken darüber machen, wie, wo und unter welchen Bedingungen die Güter, die unseren Alltag begleiten, entstanden sind.

Schnäppchenjagd – Deutschlands schönstes Hobby

Ein Wochentag in einer deutschen Großstadt. Die Läden und die Fußgängerzonen sind zwar immer voll – aber Geld hat keiner, den man fragt. Gerade im Gespräch über Preise für Kleidung wird anklagend formuliert, dass man sich „teure Sachen" nun wirklich nicht leisten kann. Dabei wäre ein gelegentlicher Blick in die manchmal vielen Tüten mehr als interessant: Zwei Spaghettiträger-Tops von einem der einschlägigen Vertikalanbieter für insgesamt 19,80 Euro. Dazu die absolut angesagte, natürlich ungefütterte Jacke aus Baumwoll-Polyester-Gemisch made in China für 49,90 Euro, deren Pendant man neulich am Promi der schlaflosen Nächte gesehen hat. Und dann die Jeans für 139 Euro! Alle aus der Schulklasse haben sie. Die eigene Tochter soll da natürlich in nichts nachstehen...

Schade, dass das Geld nicht mehr für einen Taschenrechner reicht. Der würde nämlich Schwarz auf Graugrün zeigen, dass da so einiges zusammenkommt. Und viele Leute, die behaupten, eigentlich kein Geld zu haben, geben es regelmäßig aus, mehr als einmal im Monat. Das Einkaufserlebnis und die Gruppendynamik der Schulklasse sind es offenbar doch wert.

Nur, woher kommt sie, die Freude am Kaufrausch günstiger Kleidung?

Das Bedürfnis, seine Identität immer wieder über Kleidung auszudrücken, ist natürlich. Das Spiel mit der Identität über das Medium Kleidung ist sogar ein wichtiges Element in der Persönlichkeitsentwicklung Jugendlicher. Und wie auch die Persönlichkeit eines erwachsenen Menschen wächst und ausgeprägter wird, sollte auch die Businessgarderobe diesen gesunden Wandel durchlaufen.

Beate hat sich für einen Einkaufsbummel mit ihrer 15-jährigen Tochter Pia einen Nachmittag freigenommen. Einerseits braucht sie selbst ein paar neue Teile für ihre Garderobe – andererseits ist es ihr wichtig, mit Pia auch einmal über Preisleistung und Auswahlkriterien zu sprechen. Im Gegenzug musste sie ihrer Tochter versprechen, das Businesskostüm an diesem Nachmittag gegen eine Jeans zu tauschen, um „nicht so furchtbar alt" auszusehen...

Beim gemütlichen Caffé Latte besprechen die beiden, was heute auf die Einkaufsliste soll, damit nicht irgendwelche Schnäppchen im Schrank landen, die sie überhaupt nicht brauchen. Denn was soll das fünfzigste Oberteil, wenn Pia doch eigentlich eine Hose braucht? An diesem Nachmittag übt sie nicht nur, den Laden nach Teilen zu „scannen", die auf ihrer Liste stehen, sondern sie lernt auch, worauf es bei der Auswahl ankommt. Beate zeigt und erklärt ihrer Tochter an Beispielen – denn dafür ist ein gut sortierter Laden einfach ideal –, welche Farben ihr stehen, wie man sie kombinieren kann und wie sie die richtige Konfektionsgröße herausfindet. Später beim Abendessen sprechen die beiden noch über Massenproduktion und die Zusammensetzung von Preisen aus Material- und Transportkosten, Lohnfertigungspreis und Händlermarge.

Da Beate früher als Marketingassistentin in der Branche tätig war, kann sie erzählen: Früher gab es noch Hersteller, die in Deutschland fertigten, heute sind es nur noch sehr wenige Betriebe. Wirtschaftliche Überlegungen und Umweltaspekte bewegen aber immer mehr Händler dazu, der oft fragwürdigen Massenproduktion aus Asien den Rücken zu kehren und Lösungen wieder vermehrt im eigenen Land zu suchen. Nur ist der Zug inzwischen fast abgefahren: Es finden sich kaum noch Hersteller, die dem Preisdruck standgehalten haben und hier noch fertigen. Der Verlust ist immens: Die gewachsenen Strukturen eines über Jahrzehnte entstandenen Maschinenparks, in dem die Apparate und Prozesse optimal aufeinander abgestimmt waren, sind längst aufgelöst, ein Neuaufbau heutzutage kaum finanzierbar. Die „unkaputtbare" Qualität einer alten Nähmaschine beispielsweise ist mit einer modernen nicht zu ersetzen. Zudem ist mit den Betrieben auch viel Fachwissen der Textilproduktion verloren gegangen.

Pia versteht jetzt, dass „preiswert" nicht umsonst beide Worte enthält: Preis und Wert. Wesentlich ist also immer auch die Leistung, die hinter dem Preis steht. Das nächste Mal wird sie sich überlegen, ob sie für ein Baumwolljäckchen, an dem sonst nichts dran ist und das in riesigen Stückzahlen produziert wurde, annähernd 50 Euro ausgeben muss.

Am Beispiel ihrer Mutter, die sie heute richtig cool findet, sieht sie auch, dass es Kleidungsstücke gibt, an denen man eben nicht sparen sollte. Der Hosenanzug für die wichtige Präsentation in drei Wochen muss einfach genial aussehen und perfekt sitzen. Da tut es kein modischer Fummel. Beate ist deshalb schon frühzeitig zum Einkaufen losgezogen, damit die Zeit noch für Änderungen reicht. Zum Abstecken der Hosenbeinlänge hat sie auch die Businessschuhe, die sie dazu tragen möchte, mit dabei, was Pia ein bisschen beeindruckt. Sie darf sogar das Nadelkissen für die Schneiderin halten und beim Abstecken ein wenig assistieren. Für das modische Drumherum aber schielt auch Beate auf den Preis und ersteht noch ein paar Tops, eine schicke Halskette und eine cremeweiße Bluse zum Sonderpreis, von denen sie ohnehin immer mehrere im Schrank haben muss. Eine helle Bluse sieht nämlich zur Jeans genauso gut aus wie zum Businessrock.

Als gut beratene Frau hat sich Beate auch irgendwann eine Soll-Garderobenliste mit den Kleidungsstücken gemacht, die sie unbedingt braucht, um ihren Alltag zwischen Berufs- und Privatleben abzudecken. Sie nennt es auch ihre „Survival Wardrobe" – das, was sie mindestens braucht, um alle Anlässe inklusive des geliebten Sports zu bekleiden.

An vielen Schnäppchen sind die beiden aber achtlos vorbeigegangen, weil sie ja einen Plan hatten. Als Pia überschlägt, wie viel sie heute *nicht* gekauft hat, was sonst, in Begleitung ihrer Freundinnen und aus der Laune heraus, garantiert Einkaufstüten gefüllt hätte, kommt sie auf einen nennenswerten Betrag. Einen Teil davon geben die beiden jedenfalls gleich für eine Runde Eis aus, um die erfolgreichen Einkäufe zu feiern.

Lichterzeit – Hüftgoldzeit

Mit den Lichtern zieht die Festsaison in die Gemüter: Weihnachtsfeiern, Weihnachtsmarkt, Clubtreffen, Adventstees und private Feiern reihen sich nahtlos aneinander und laden zu genussvollem Essen und geselligem (Glüh-)Wein ein. Wer will da schon unhöflich sein und ein liebevoll zubereitetes Gericht ausschlagen?

Noch dazu wird in der kalten Jahreszeit traditionell deftiger gekocht, vielleicht weil sich die gute alte Kalorie aus dem lateinischen *Calor = Wärme* ableitet. Die satten Speisen sind also nichts weiter als die traditionelle Fürsorge der Rezeptköche früherer Generationen für unsere Körpertemperatur im Winter. Leider arbeiten nur noch die wenigsten von uns körperlich und im Freien, weshalb wir kaum die Chance haben, die ganze Wärme richtig abzubauen. So passiert es schnell, dass sich die goldene Zeit als etwas ganz anderes herausstellt – als Hüftgoldzeit.

Für manche von uns lässt sich das durch einen etwas weiter gestellten Gürtel regeln – andere tragen im Winter einfach eine Konfektionsgröße mehr ... und alle schwören sich, das im Januar wieder abzuarbeiten. Da haben wir ihn also, den ersten Vorsatz für das neue Jahr! Aber ist das wirklich nötig?

Wer sich ein bisschen mit dem Gehalt von Nahrungsmitteln befasst, kennt die ganz schlimmen Kaloriensünden, kann sie meiden, wenn er möchte – oder von allem etwas weniger nehmen, ohne seinen Gastgeber vor den Kopf zu stoßen. Auch der gewohnte Sport muss nicht ausfallen, nur weil Feiertage sind.

Schönheit hat im Allgemeinen sehr viel mit Körpergefühl zu tun – und das wollen Sie sich doch nicht ausgerechnet in der festlichen Saison verderben! Wer sich aber einfach von seiner Laune hat treiben lassen, fühlt sich wohler, wenn er für ein paar Tage etwas größere Kleidung trägt. Denn in Sachen, die kneifen, fühlt man sich nicht nur nicht mehr wohl, man sieht auch einfach schlanker aus, wenn die Kleidung lockerer sitzt.

Es kann aber keine Lösung sein, sich Kleidung zu kaufen, die man dann Anfang Januar getragen und durchgefeiert als Reklamation wieder zurückgibt. So etwas ist schon vorgekommen und stellt eine unfaire Ausnutzung der kulanten Geschäftsbedingungen des Einzelhandels dar, denn es gibt Häuser, die im Sinne der Kundenbindung einfach alles zurücknehmen.

So ein Fehlverhalten ist Ihnen sicherlich fremd. Und daher haben Sie auch ein paar geschmackvolle Teile im Kleiderschrank, die Ihnen in jeder Lebenslage und auch mit ein paar Gramm mehr auf der Waage hervorragend stehen.

Generell hat Hüftgold weniger Chancen zu entstehen, wenn eine sitzende Tätigkeit durch Bewegung ausgeglichen wird. Denn dass Naschen zwischendurch nicht figurfreundlich ist, sagt Ihnen schon Ihr schlechtes Gewissen. Bewegung verbrennt nicht nur an sich Kalorien, sondern die durch Sport aufgebauten Muskeln verbrennen auch im Ruhezustand mehr. Der Grundumsatz steigt also. Für eine schöne Silhouette – die auch mit mehr Körpergewicht harmonisch und sehr schön anzusehen sein kann – und mehr Wohlbefinden ist es ideal, zwei Sportarten konsequent zu pflegen: eine, die das Herz-Kreislauf-System fit macht, und eine zweite, die den Körper formt.

Wichtig ist, dass Bewegung zur Routine wird, genügend Zeit im Alltag eingeräumt bekommt und dabei Spaß macht. Finden Sie heraus, welche Tageszeit Ihnen für Ihren Sport am liebsten ist, wann er Ihnen am leichtesten fällt. Während des Kreislauftrainings, beispielsweise ein- bis zweimal wöchentlich auf einem Hometrainer, der Sie vom Wetter unabhängig macht, kann man wunderbar Bücher lesen oder Musik hören.

Ihr zweites Training sollte Ihren Neigungen und körperlichen Fähigkeiten entsprechen. Sie haben in der Schule schon immer gerne geturnt? Dann werden Sie damit mehr Spaß haben als mit dem Stemmen von Gewichten. Außerdem können Sie es fast überall tun, zu Hause und auf Reisen. Ein paar Übungen, geschult unter fachlicher Anleitung – das gilt insbesondere für Yoga –, können Ihrem Körper die Form geben, die Sie sich wünschen. Von Yoga können wir noch eines lernen: Es gibt zu jeder Bewegung eine Gegenbewegung. Das macht die Muskeln lang und schlank statt kurz und kompakt. Gerade Frauen legen auf Muskulatur wert, die den Körper definiert aber schlank aussehen lassen soll.

Hier ein paar Anregungen, wie sich die Bilanz zwischen Energiezufuhr und -verbrennung im Businessalltag etwas besser kontrollieren lässt:

- Essen Sie langsamer. Das Sättigungsgefühl tritt erst nach 13 Minuten ein. Wer hastig isst, kann in diesen Minuten schon mehr Kalorien zu sich nehmen, als der Körper eigentlich benötigt.
- Bei Heißhunger gönnen Sie sich eine Vorspeise, etwas, worauf Sie besonders Lust haben. Mal kann das Salat, mal ein Stück salziger Schinken sein. Nach zehn Minuten Pause genießen Sie den Hauptgang umso mehr.
- Verzichten Sie beim Businesslunch auf Kohlehydrate, also auf Brot, Nudeln, Reis oder Kartoffeln. Sie sind dann am Nachmittag fitter und wacher.
- Nehmen Sie zwischen den Mahlzeiten keine Naschereien zu sich, die ohnehin kariogen – also kariesgefährdend für Ihre Zähne – sind. Zähneputzen nach dem Lunch verringert automatisch die Lust auf Süßigkeiten, die sonst über Stunden in den Zähnen hängenbleiben würden.
- Deponieren Sie zuckerfreie Bonbons am Schreibtisch und im Auto.
- Überlegen Sie mit Ihren Kollegen, was Sie im Besprechungsraum außer den üblichen Keksen anbieten wollen. Sorgen Sie auch für möglichst zuckerfreie Getränke.

Karl Lagerfeld soll einmal in einem Interview nach seiner bemerkenswerten Gewichtsabnahme gesagt haben: „Ich diskutiere einfach nicht mit mir." Dieser Vorsatz hilft vielleicht auch Ihnen, Ihrer Körperpflege in Sachen Ernährung und Bewegung einfach und diskussionslos den verdienten Platz einzuräumen.

Lady oder Schluderlieschen? – Der feine Unterschied

Die moderne Frau – oder der moderne Mann – bedient sich unterschiedlichster Beschaffungskanäle für Kleidung. Designermode von eBay? Klar. Tops und Shirts aus dem Tanzshop? Natürlich. Nobelware aus der Lieblingsboutique mit exzellenter Beratung, Schnack und Champagner? Selbstverständlich ...

Die klassischen Läden werden genauso genutzt wie die modernen Medien, und ein moderner Kleidungsstil mixt gekonnt Designerstücke mit Schnäppchenware. Dabei sind Frauen oft experimentierfreudiger als Männer, die sich modisch gerne auf vertrautem Terrain bewegen.

Wenn dann die moderne, informierte Frau – oder der informierte Mann – der Lust auf trendig-junge Mode in einem der stark frequentierten Vertikalanbieter, also Modeunternehmen, die vom Design bis zu Produktion und Verkauf in eigenen Läden den gesamten Warenlauf selbst organisieren und kontrollieren, nachgeben will, sieht sie sich unversehens in einem Verhaltenskonflikt.

Nehmen wir an, sie ist eine junge, moderne, modisch informierte Frau unter Dreißig. Dann ist sie mit solchen Läden aufgewachsen und kennt die soundbeschallten, menschenüberfüllten, mit Textilien überfrachteten – im Handel nennt man das „Warendruck" – und daher unübersichtlichen und unordentlichen Verkaufsflächen, in denen Kleidungsstücke auch mal auf dem Boden herumliegen. Soll sie die aufheben? Eigentlich ist das ja nicht ihre Sache, aber es tut wirklich weh, Kleidung auf dem Boden liegen zu sehen…

Vor der Umkleidekabine stehen Schlangen von Schülerinnen mit Unmengen Kleidung im Arm, die sie probieren wollen. Aber unsere junge, moderne, modisch informierte Frau weiß ja bereits, dass sie für diesen Laden mehr Zeit mitbringen muss. Und während sie hinten in der Schlange wartet, wird sie Zeuge eines traurigen Schauspiels. Am Eingang der Anproben steht eine sehr, sehr junge Verkäuferin, deren Aufgabe es eigentlich ist, die Diebstahlquote durch Vergabe von Nummern und Kontrolle des Rücklaufs möglichst einzudämmen.

Vor ihr aber türmt sich ein Haufen wild übereinander geworfener Textilien, die von den kleinen und großen Kundinnen in hohem Takt wieder herausgebracht und obendrauf gepackt werden. Also verbringt unsere junge Garderobiere den ganzen Tag mit dem Aufhängen und Zusammenlegen der nachlässig geknüllten Kleidung, hat schon gar keine Zeit für Beratung und auch keine Möglichkeit, einer Kundin das eine oder andere Teil in einer anderen Größe zu bringen, was das Geschäftsmodell vermutlich auch nicht vorsieht.

„Können die Kids ihre Kleidung nicht selber wieder auf den Bügel hängen und damit umgehen wie mit ihren Sachen zu Hause?", fragt sich unsere moderne, informierte Frau unter Dreißig im Stillen. Aber natürlich spricht sie das nicht laut aus. Sie findet die Geste gegenüber der jungen Garderobiere sehr herablassend und fragt sich auch, wie die Menschen ihre Kleidung wohl zu Hause behandeln. „Werden die da auch auf einen Haufen geworfen?" Aber vielleicht sind sie ja einfach noch zu jung, um es besser zu wissen… Dann sieht sie plötzlich eine gepflegte, moderne, modisch informierte Frau über Vierzig aus der Kabine kommen. In ihrem Arm – ein Haufen von Kleidung, den sie der Garderobiere auf den Berg wirft. Ist es wirklich das Umfeld, das eine Kundin zur Lady und einen Mann zum Gentleman macht?

Stilvoll zu sein umfasst auch den Umgang mit Textilien sowie das Verhalten gegenüber anderen Menschen – gerade gegenüber Personen, die einem einen Dienst leisten. Es sollte selbstverständlich sein, Kleidung nach der Anprobe in der Kabine wieder aufzuhängen und den obersten Knopf als Sicherung gegen Herunterrutschen zu schließen – wie zu Hause auch. Und wer sich gegenüber der sehr jungen Verkäuferin nicht für besser hält, sondern ihr innerlich auf Augenhöhe begegnen kann, ist eine wahre Lady oder ein wahrer Gentleman.

Die Autorin und ihre Überzeugung

Katharina Starlay ist Modedesignerin, Mitglied im Deutschen Knigge-Rat und seit über 30 Jahren in der Stilberatung tätig. Ihr Wissen über Menschen und Textilien hat sich beim Einkleiden von Firmen, in Seminaren, Vorträgen und im privaten Stilcoaching immer wieder bewähren müssen. Dabei geht es ihr darum, das Einzigartige einer Persönlichkeit oder einer Marke sichtbar zu machen.

Über ihr Debut „Stilgeheimnisse" sagt sie heute: „Es ist Teil eines weitergehenden Gedankens. In diesem Buch erfahren meine Leser alle Grundlagen, die es braucht, um im optischen und ‚auratischen' Sinn gut auszusehen. Äußerliche Schönheit strahlt erst aus, wenn innen auch etwas ist, das strahlen kann. Menschen, welche die Stilgeheimnisse kennen, machen nicht nur immer weniger Fehlkäufe – was eine Menge Geld spart –, sie werden auch immer zufriedener mit dem, was sie erwerben, und behalten es länger. Das allein setzt bereits eine Entwicklung hin zu mehr Nachhaltigkeit und bewusstem Konsum in Gang. Daran glaube ich."

Durch die Hinwendung zu den schönen Dingen des Lebens und zu uns selbst kommt somit ein Kreislauf in Gang, der zu mehr Zufriedenheit und Qualität im Alltag führt und im besten Sinn mit nachhaltigem Handeln zu tun hat. Manchmal sind es eben die kleinen Dinge im (Stil-)Alltag, die etwas bewegen.